証言 落合博満
オレ流を貫いた「孤高の監督」の真実

山本昌＋和田一浩＋岩瀬仁紀＋川上憲伸 ほか

宝島 SUGOI 文庫

宝島社

はじめに

2022年シーズン、中日ドラゴンズの監督に「ミスター・ドラゴンズ」と呼ばれた立浪和義氏が就任した。2009年の現役引退から12年間、どの球団の監督にもコーチにもならず、ドラゴンズブルーのユニホームに再び袖を通した。目指すは2011年以来となるリーグ優勝、そして、2007年以来となる日本一である。

中日がリーグ優勝から遠ざかって10年以上がたつ。2011年のリーグ制覇、2007年の日本一はいずれも、落合博満氏が監督を務めた時代のものだ。

2004年、中日の監督に就任した落合氏は在任8年間でチームをリーグ優勝4度、日本一1度に導き、全シーズンでAクラス入り。日本シリーズには5度進出した。この時期、中日はセ・リーグで圧倒的な強さを見せた。

落合氏が監督退任後の中日は、暗黒期と言わざるを得ない成績しか残せていない。そのため、落合監督時代の〝無類の強さ〟が際立って見えるのである。

なぜ、落合監督の中日はあれほど強かったのか――。

落合氏の現役時代の実績は説明不要だろう。3度の三冠王を筆頭に通算記録は510本塁打、1564打点、2371安打、打率3割1分1厘。打撃3部門のタイトル獲得数は15度、プロ20年間で打率3割11度、30本塁打9度。球史に残る記録を残した大打者だった。

しかし現役時代、落合氏が進む道にはいつも賛否両論が飛び交っていた。独自の練習方法、一度決めたら曲げない言動。しかし、そこには一貫した信念があった。プロとしての評価指標は数字でしかない——。陰での努力や練習量、客が呼べるパフォーマンスなどは、落合氏のプロ野球選手としての評価指標ではなかった。すべては結果（数字）だった。

１９８６年オフ、１対４のトレードで中日へ移籍。年俸は日本人初となる１億円の大台に乗った。年俸１億６５００万円に達していた１９９０年オフには、契約更改で球団側と金額が折り合わず、日本人選手として初の年俸調停を申請。２億２０００万円で着地した。さらに１９９３年オフには、整備されたばかりのフリーエージェント（ＦＡ）制度を運用初年に利用して読売巨人軍へ。１９８６年から１９９６年まで球界最高年俸選手として君臨している。

当時は「金の亡者」「裏切り者」と揶揄《やゆ》する声もあったが、落合氏は、プロとしての指標は成績の数字であり、評価は年俸であるという信念を曲げなかった。

監督になっても、落合氏のプロとしての信念が変わることはなかったように見える。「（1年目は）補強はしない」「キャンプ初日から紅白戦」——現役時代同様に、監督時代も独自の強化術、リーダー論でチームをけん引した。選手起用に温情やファンへの配慮はなく、常にそのときのベストメンバーで臨み、采配は勝利可能性の最大値が選択された。その采配が賛否を呼ぶこともあったが、前述のようにチームとしての結果は残し続けた。

最強の打者であり、最強の監督――。あえて荒野をゆくその人は、球界に、選手たちに、そして我々に一体何を残したのか。現役時代、マスコミ嫌いといわれた落合氏の思考や素顔はなかなか見えにくい。

本書は、落合氏の現役・監督時代を知る関係者の証言を集め、知られざる実像を浮かび上がらせるものである。チームメート、選手、コーチたちが見聞きした落合氏の「勝負哲学」と「一流の条件」とはどんなものだったのか。エピソードをまじえ、独自の視点で語ってもらった。

それぞれの立場により、「落合博満」に対する人物像の捉え方は違うが、一貫した「哲学」は読み取れるはずだ。

落合監督時代の中日に選手として在籍した立浪監督に、そのDNAを見ることができるのだろうか。

宝島社書籍編集部

OCHIAI
66

目次

装幀：池上幸一
本文デザイン・DTP：木下裕之（kworks）
編集：宮下雅子（宝島社）
構成・株式会社 アンサンヒーロー

2004－2011
中日ドラゴンズ「黄金期」
落合監督、8年間の軌跡

リーグ制覇4度、日本一1度

在任8年間でチームをリーグ優勝4度、日本一1度に導いた。優勝を逃した4シーズンもすべてAクラス入り。落合監督が指揮した8年間は中日の球団史上、唯一の「確変モード」と言っていいだろう。〝常勝ドラゴンズ〟、黄金の8年を振り返る——。

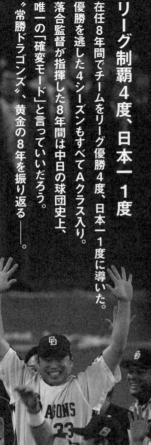

DRAGONS
14
DRAGONS
119
IMAE

2004 圧倒的な投手力で5年ぶり6度目のリーグ優勝

落合監督が就任したを1年目は、圧倒的な投手力でリーグを制覇。
指揮官となった三冠王は守りの野球でスタートした。

いまだ語り継がれる「開幕投手・川崎」

前年の2003年は阪神タイガースがペナントを制し、中日ドラゴンズは2位でシーズンを終えた。山田久志監督のもと3位、2位と2年連続でAクラス入りしていたが、2004年から落合博満監督が就任。一切の補強や戦力外通告を行わずにシーズンを迎えた。

4月2日の開幕戦（ナゴヤドーム）には、開幕投手に3年間1軍登板のなかった川崎憲次郎が登場。当時は予告先発制度がなく、球場は騒然となった。2回途中までに

5失点で降板も打線の奮起で白星発進すると、6月には7連勝などで首位に立った。リーグ最少45失策の手堅い野球で79勝56敗3分け、1999年以来5年ぶり6度目のリーグ優勝。落合監督は就任1年目で栄冠を勝ち取った。

投手力が際立ったシーズンだった。川上憲伸が17勝、山本昌13勝、ドミンゴ10勝と先発ローテーションの柱3人が二桁勝利。チーム防御率3・86はリーグ唯一の3点台。加えて、失点558もリーグ唯一の500点台だった。完封勝利14は2位・阪神の8に大きく差をつけている。一方、得点623はリーグ5位ながら、得失点差65はリーグ1位。接戦への強さを見せつけた。

当時、セ・リーグは打高投低。パ・リーグの2004年チーム最多本塁打数は福岡ダイエーホークス（現・福岡ソフトバンクホークス）、西武ライオンズ（現・埼玉西武ライオンズ）の183本がトップだったが、セ・リーグは上位4チームが180本超え。とくに読売巨人軍は「史上最強打線」による両リーグ歴代チーム最多本塁打259本をマークしており、重量打線を相手に中日が抜群の投手力で抑え込んだ形となった。

優勝、そしてリーグ随一の投手力はタイトルホルダーを多数生んだ。MVPはエース・川上で、17勝を挙げた最多勝とダブル受賞。さらに、ベストナインも初受賞となった。63試合登板で防御率2・03をマークした岡本真也が、最優秀中継ぎ投手に選出されている。

野手でも3人がベストナインに選出された。立浪和義は過去に二塁手で受賞していたが、三塁手では初受賞。引退までに歴代最高487二塁打を記録した「ミスター二塁打」は、このシーズンにセ・リーグ新記録の通算423二塁打をマークしている。二遊間コンビの荒木雅博（二塁）、井端弘和（遊撃）も選出され、愛称「アライバ」が定着した。

西武との日本シリーズはチーム防御率1位対決

日本シリーズでは、〝フォークの元祖〟と呼ばれたエース・杉下茂を擁した1954年以来、50年ぶりの日本一を目指した。一方、1992年以来12年ぶりの頂点を狙う西武も中日と同様に、ペナントレースではチーム防御率1位。互いに譲らぬシリーズは、台風による中止を挟み第7戦までもつれにもつれた。

第1戦（ナゴヤドーム）で川上が先発して2失点にとどめたが、打線が相手先発・石井貴に零封負けを喫した。このとき、川上はのちにフリーエージェント（FA）で中日に移籍する和田一浩にソロアーチを被弾している。

第2戦以降は一進一退で、2勝2敗で迎えた第5戦は先発・川上で快勝し、日本一に王手をかけた。

第6戦はナゴヤドームに戻り、5回まで2－1とリードも、西武・和田の2本塁打で逆転負け。第7戦はカブレラに被弾し、3回に一挙5点を献上すると、反撃むなしく2－7で終戦。半世紀ぶりの日本一はお預けとなった。

開幕オーダー

1	遊	井端弘和
2	二	荒木雅博
3	三	立浪和義
4	右	福留孝介
5	中	アレックス
6	一	リナレス
7	左	井上一樹
8	捕	谷繁元信
9	投	川崎憲次郎

チーム成績

打率	.274	⑤
本塁打	111	⑥
得点	623	⑤
盗塁	95	②
防御率	3.86	❶
失点	558	❶

※丸数字はリーグ順位

シーズン

チーム	試合	勝利	敗北	引分	勝率	ゲーム差
中日ドラゴンズ	138	79	56	3	.585	――
ヤクルトスワローズ	138	72	64	2	.529	7.5
読売巨人軍	138	71	64	3	.526	8.0
阪神タイガース	138	66	70	2	.485	13.5
広島東洋カープ	138	60	77	1	.438	20.0
横浜ベイスターズ	138	59	76	3	.437	20.0

日本シリーズ

	西武（4勝）			中日（3勝）	
ナゴヤドーム	石井貴	○	2-0	●	川上
ナゴヤドーム	松坂大	●	6-11	○	バルデス
西武ドーム	大沼	○	10-8	●	岡本
西武ドーム	張	●	2-8	○	山井
西武ドーム	西口	●	1-6	○	川上
ナゴヤドーム	松坂大	○	4-2	●	山本昌
ナゴヤドーム	石井貴	○	7-2	●	ドミンゴ

2005
交流戦6カード連続負け越しの大ブレーキで2位

連覇期待の〝落合竜〟2年目は開幕ダッシュに成功したが、交流戦で負け越し。阪神との「9・7」で勝負あり。リーグ2位に終わった。

横浜から大砲・ウッズを獲得。
38本塁打、103打点で期待に応えた

球団史上初となる開幕2試合連続サヨナラ弾

落合博満監督就任2年目は、オフに初めて大型補強を行った。

前年貧打に泣いた打線は、横浜ベイスターズ（現・横浜ＤｅＮＡベイスターズ）から主砲としてウッズを獲得。2年総額10億円の契約は球団史上最高額だった。

その打線は開幕戦、4月1日の横浜戦（ナゴヤドーム）から火を噴いた。前年、3年間1軍登板なしの川崎憲次郎で〝奇襲〟に出た開幕投手は、2003年以来3度目となるエース・川上憲伸が務めた。投手戦にもつれ込み、互いに無得点で迎えた9回、6番アレックスがセ・リーグ初の開幕サヨナラ満塁アーチ。開幕2戦目も高橋光信が代打逆転サヨナラ弾をマークし、球団史上初の開幕連続サヨナラ勝利を収めた。

この春の中日ドラゴンズは強かった。4月は16勝9敗と大きく勝ち越し、連覇に向けて開幕ダッシュに成功した。しかし、5月5日のヤクルトスワローズ戦（現・東京ヤクルトスワローズ）でウッズが胸元付近の投球に激怒し、相手左腕・藤井秀悟の顔面を右手で殴って退場処分となり、さらに10試合出場停止処分が科された。チームは主砲を欠いたまま、このシーズンから開始された交流戦に突入する。

前年リーグ覇者は交流戦開幕から5カード連続負け越しを喫し、5月22日、ついに首位から陥落。さらに、このシーズンから50年ぶりの新規参入球団・東北楽天ゴールデンイーグルス戦ではまさかの3連敗。パ・リーグ全球団に負け越す事態となった。対戦2巡目で持ち直して交流戦を15勝21敗としたが、ダメージは大きかった。

あわや没収試合の「9・7」最後は平井が被弾

7月は首位に最大8ゲーム差をつけられたが、1引き分けを挟んで11連勝、8月には7連勝して猛追。8月23日のヤクルト戦（いわき）で山本昌が球団史上初の40代勝利を挙げるなど勢いを取り戻し、8月終了時点で首位・阪神に0・5ゲーム差まで肉薄した。

そして、のちにペナントレースの分かれ目となったといわれる9月7日の阪神タイガース戦（ナゴヤドーム）を迎える。

阪神が同点に追いついた9回表、本塁クロスプレーの判定を不服とした岡田彰布監督が選手をベンチに引き揚げさせ、あわや没収試合かという展開に。18分間の中断を挟んで再開されると、中日は延長11回に平井正史が阪神・中村豊に勝ち越しの一発を浴びて万事休す。ゲーム差は3に開いた。

当時の報道で、落合監督は試合後、「監督で負けた。以上」とだけ言い残している。シーズンは79勝66敗1分け。最後は10ゲーム差をつけられて2位。しかし、打線は確かな足跡を残していた。立浪和義は5月19日の日本ハム（現・北海道日本ハムファイターズ）との交流戦（札幌ドーム）で福本豊（当時・阪急ブレーブス）の記録を更新する通算450二塁打を放ち、プロ野球記録を樹立。さらに立浪はこのシーズン、球団新記録となる通算2275安打も記録した。

ウッズは本塁打、打点ともに阪神・金本知憲に及ばなかったものの38本塁打、103打点と結果を出した。福留孝介は最高出塁率のほか、シーズン202安打をマークして首位打者を獲得したヤクルト・青木宣親に次ぐ打率3割2分8厘。井端弘和も3割2分3厘でリーグ5位に食いこんだ。チーム盗塁数はリーグトップの101個と機動力が光った。

投手陣では岩瀬仁紀が完全に抑えとして定着し、46セーブで初の最多セーブ。1998年、佐々木主浩（横浜）のシーズン45セーブの記録を更新（当時）し、日本を代表する守護神に成長した。

開幕オーダー

1	二	荒木雅博
2	遊	井端弘和
3	三	立浪和義
4	一	ウッズ
5	右	福留孝介
6	中	アレックス
7	左	井上一樹
8	捕	谷繁元信
9	投	川上憲伸

チーム成績

打率	.269	④
本塁打	139	⑤
得点	680	②
盗塁	101	❶
防御率	4.13	④
失点	628	④

※丸数字はリーグ順位

シーズン

チーム	試合	勝利	敗北	引分	勝率	ゲーム差
阪神タイガース	146	87	54	5	.617	——
中日ドラゴンズ	146	79	66	1	.545	10.0
横浜ベイスターズ	146	69	70	7	.496	17.0
ヤクルトスワローズ	146	71	73	2	.493	17.5
読売巨人軍	146	62	80	4	.437	25.5
広島東洋カープ	146	58	84	4	.408	29.5

2006 落合政権で2度目となる2年ぶりのリーグ優勝

主砲・ウッズが敵地・東京ドームでダメ押しの満塁アーチを放ち、落合監督が異例の出迎えをした歓喜と涙の2度目のV。

前年鬼門の交流戦クリア 山本昌が最年長ノーノー

普段は喜怒哀楽を出すことがない落合博満監督が歓喜し、そして泣いた——。マジック1で迎えた10月10日の読売巨人戦（東京ドーム）。1点リードの延長12回、相手左腕・高橋尚成から4番・ウッズが優勝を決定づけるダメ押しの満塁弾を左中間スタンドに突き刺した。めったに選手を出迎えることがない落合監督がベンチを飛び出して殊勲の大砲と抱き合った。2年ぶりのリーグ優勝を決め、白いタオルで何度も涙をぬぐった。

就任3年目、改めて〝生みの苦しみ〟を味わった。12球団随一の練習量を課し、2004年は補強ゼロで優勝を果たしたが、2005年は交流戦でまさかの大失速、リーグ2位に終わった。

そして迎えた2006年は前年同様、3～4月を12勝8敗として開幕ダッシュに成功し、鬼門の交流戦を20勝15敗1分けで乗り切った。8月12日には阪神タイガースとの首位攻防戦（ナゴヤドーム）で11－1の大勝を飾り、球団史上最速のマジック40が点灯した。

主力だけでなく、ベテランもチームをけん引した。

4月7日の巨人戦では、プロ19年目の立浪和義がサヨナラ満塁弾で通算2351安打とし、「打撃の神様」と呼ばれた川上哲治（巨人）に並ぶNPB歴代10位タイ（当時）の安打数をマーク。ミスター・ドラゴンズの劇的アーチに、ナゴヤドームは「立浪コール」で沸いた。また、5月11日の北海道日本ハムファイターズ（札幌ドーム）との交流戦で通算2372安打を放ち、落合監督の通算安打数2371安打を抜くなど、記録ラッシュのシーズンとなった。

投げては、プロ22年目を迎えていた左腕・山本昌も魅せた。9月16日の阪神戦（ナゴヤドーム）では史上73人目、そして史上最年長（41歳1カ月）のノーヒットノーランを達成した。97球の偉業は、許した走者が失策による1人だけという〝準完全試合〟。

9回2死から阪神・赤星憲広を三ゴロに打ち取ると、落合監督はベンチ前で山本昌に帽子を取って頭を下げるという最上級の敬意でベテランを祝福した。これでマジック15とし、いよいよ中日優位は揺るぎないものとなった。

投打でタイトルラッシュも日本シリーズは1勝4敗

指揮官が泣いた2年ぶり7度目のリーグ優勝。選手たちは数々のタイトルを手にした。

エース・川上憲伸は17勝で2度目の最多勝、194Kの最多奪三振王。守護神・岩瀬仁紀は防御率1・30という異次元の投球で2度目の最多セーブ王（40セーブ）に輝き、朝倉健太、山本昌も二桁勝利で投手陣を支えた。

打線では、10月10日の巨人戦で決勝打を放った福留孝介が打率3割5分1厘で、2002年以来2度目の首位打者と初のMVPを獲得。最高出塁率4割3分8厘もマークした。その試合でダメ押しの一発を放ち、落合監督と抱擁した主砲ウッズは47本塁打、144打点で二冠を手にした。

12球団最多の155犠打をからめつつ、チーム打率2割7分、防御率3・10はともにリーグ1位。圧倒的なチーム力でセ界を制したシーズンとなった。

北海道日本ハムファイターズとの日本シリーズは、初戦こそ川上がダルビッシュ有との投げ合いに競り勝ったが、貧打に泣いてその後は4連敗。悲願の日本一はまたも持ち越された。

開幕オーダー

1	二	荒木雅博
2	中	藤井淳志
3	遊	井端弘和
4	一	ウッズ
5	右	福留孝介
6	左	アレックス
7	三	立浪和義
8	捕	谷繁元信
9	投	川上憲伸

チーム成績

打率	.270	❶
本塁打	139	②
得点	669	❶
盗塁	73	②
防御率	3.1	❶
失点	496	❶

※丸数字はリーグ順位

シーズン

チーム	試合	勝利	敗北	引分	勝率	ゲーム差
中日ドラゴンズ	146	87	54	5	.617	――
阪神タイガース	146	84	58	4	.592	3.5
東京ヤクルトスワローズ	146	70	73	3	.490	18.0
読売巨人軍	146	65	79	2	.451	23.5
広島東洋カープ	146	62	79	5	.440	25.0
横浜ベイスターズ	146	58	84	4	.408	29.5

日本シリーズ

	日本ハム（4勝）			中日（1勝）	
ナゴヤドーム	ダルビッシュ	●	2-4	○	川上
ナゴヤドーム	八木	○	5-2	●	山本昌
札幌ドーム	武田勝	○	6-1	●	朝倉
札幌ドーム	金村	○	3-0	●	中田
札幌ドーム	ダルビッシュ	○	4-1	●	川上

2007
リーグ2位もCSを無敗突破で53年ぶり日本一

三つ巴の激戦となったペナントレースは連覇を逃して２位。しかし、クライマックスシリーズ（ＣＳ）を突破し、劇的な日本一を飾った。

巨人・阪神と終盤大混戦　マジック7点灯も消滅

落合博満監督就任４年目となり、中日ドラゴンズには世代交代の波が訪れていた。前年オフには落合英二、川相昌弘が引退、外国人ではアレックスが退団してチームの新陳代謝が進むなか、韓国プロ野球のＬＧツインズから強打者・李炳圭《イビョンギュ》を、異例の時期となる２００７年１月にはオリックス・バファローズを自由契約となった中村紀洋を育成枠で獲得。球団の顔である立浪和義は、三塁の定位置を森野将彦に明け渡し、外野または代打での出場が増えていった。

球団史上初の連覇を目指したが、ペナントレースは混迷を極めた。6月時点では読売巨人軍が首位だったが、夏にかけて中日、阪神タイガースと三つ巴の戦いに。中日は優勝マジック7が9月24日に点灯したが、同29日の首位攻防戦で阪神に敗れたことで、同日に巨人のマジック2が初点灯するという大混戦となった。壮絶な優勝争いの末に巨人が143試合目に1・5ゲーム差で優勝。中日は球団史上初の連覇を逃した。リーグ2位。しかし、ここでは終わらなかった。このシーズンから新設されたプレーオフ「クライマックスシリーズ（CS）」では、ファーストステージでリーグ3位の阪神に連勝、セカンドステージでは巨人に3連勝を飾り、当時アドバンテージなしのCS無敗のまま、2年連続で日本シリーズに進出した。

日本シリーズの相手は、前年に1勝4敗と苦杯をなめた北海道日本ハムファイターズ。初戦は川上憲伸とダルビッシュ有のエース対決を落としたが、以降は中日が連勝を飾った。第2戦は先発右腕・中田賢一が8回1失点、打線は李炳圭、森野将彦の本塁打攻勢で8－1と大勝。第3戦は相手先発・武田勝を1回にとらえて大量7点で勝負を決めると、第4戦は僅差の勝負をものにして王手をかける。そして第5戦、あの「完全試合リレー」が生まれた。

2回に当時チーム最年少19歳の平田良介の右犠飛による1点を守る戦いが続くなか、先発・山井大介が8回まで相手打線をパーフェクトに抑える快投。しかし、山井は試合途中で右手中指のマメがつぶれており、9回に守護神・岩瀬仁紀がマウンドへ。岩瀬がきっちり3人で抑えて「完全試合リレー」が実現した。

中日は4勝1敗として、1954年以来53年ぶりの日本シリーズ制覇。落合監督は2004年就任以来、3度目のシリーズで初の日本一監督となった。

シリーズMVPは中村紀 オフに西武・和田を獲得

日本シリーズ最多タイの13投手をつぎ込んだ総力戦。MVPは打のヒーロー・中村紀洋が獲得した。オリックスとの契約がこじれ、中日に育成枠で拾われて開幕直前に支配下登録。ペナントレースでは打率2割9分3厘、20本塁打、79打点の好成績を残した。この日本シリーズでも、指名打者で5番に立浪が入る敵地開催以外は、「6番・三塁」で先発出場。18打数8安打4打点を挙げ、日本シリーズで個人最多記録となる二塁打4本をマークした。

オフに福留孝介がMLBシカゴ・カブスへ旅立ったが、フリーエージェント（FA）で和田一浩を西武ライオンズ（現・埼玉西武ライオンズ）から獲得した。

チーム成績

打率	.261	⑤
本塁打	121	⑤
得点	623	②
盗塁	83	❶
防御率	3.59	③
失点	556	❶

※丸数字はリーグ順位

開幕オーダー

1	遊	井端弘和
2	二	荒木雅博
3	右	福留孝介
4	一	ウッズ
5	中	李炳圭
6	三	中村紀洋
7	左	森野将彦
8	捕	谷繁元信
9	投	川上憲伸

CS

〈第1ステージ〉	
中日（2勝）	阪神（0勝）

〈第2ステージ〉	
中日（3勝）	巨人（0勝）

シーズン

チーム	試合	勝利	敗北	引分	勝率	ゲーム差
読売巨人軍	144	80	63	1	.559	——
中日ドラゴンズ	144	78	64	2	.549	1.5
阪神タイガース	144	74	66	4	.529	4.5
横浜ベイスターズ	144	71	72	1	.497	9.0
広島東洋カープ	144	60	82	2	.423	19.5
東京ヤクルトスワローズ	144	60	84	0	.417	20.5

日本シリーズ

	中日（4勝）			日本ハム（1勝）	
札幌ドーム	川上	●	1-3	○	ダルビッシュ
札幌ドーム	中田	○	8-1	●	グリン
ナゴヤドーム	朝倉	○	9-1	●	武田勝
ナゴヤドーム	鈴木	○	4-2	●	吉川
ナゴヤドーム	山井	○	1-0	●	ダルビッシュ

2008
首位と12ゲーム差で〝落合竜〟ワーストの3位

夏に開催された北京オリンピックで主力が抜けて苦戦。
オフには主砲とエースが移籍し、新たなフェーズを迎えることになる。

北京オリンピック日本代表に12球団最多の4選手選出

クライマックスシリーズ（CS）を勝ち上がって日本一となった前年の〝忘れ物〟、リーグ優勝かつ日本一という「完全優勝」を目指した2008年シーズン。

4月まで16勝9敗2分けと順調な滑り出しも、7月には3位に甘んじていた。終わってみれば、落合博満監督在任期間の8年間でワーストの3位。チーム打率2割5分3厘もリーグワーストに沈んだ。首位・読売巨人軍に12ゲーム差をつけられての終戦は、この年に行われた北京オリンピックも少なからず影響していた。

打線は前年オフ、フリーエージェント（FA）で西武ライオンズ（現・埼玉西武ライオンズ）から和田一浩を獲得して補強した。和田は16本塁打も、打率3割2厘、74打点と気を吐いた。しかし、8月に開催された北京オリンピックに12球団最多の4選手（川上憲伸、岩瀬仁紀、荒木雅博、森野将彦）を送り出し、加えて台湾代表となったチェンも含めて主力5選手が不在となり、長期にわたって苦しい戦いを強いられた。

そのオリンピックで、日本代表は3位決定戦でアメリカに4－8で敗戦。メダルなしで代表が帰国すると、中継ぎとしてチーム最多5試合登板の川上、4試合登板の岩瀬らは疲弊していた。3位決定戦のアメリカ戦で敗戦投手となった川上は帰国後、2軍調整に約1カ月を要して4年継続していた二桁勝利が途切れた。岩瀬は準決勝の韓国戦で李承燁《イスンヨプ》に勝ち越し2ランを浴びるなど、オリンピックに出場した選手の復調が懸念される事態となった。

それでも、3位で進出したCSではファーストステージ初戦で阪神タイガースに川上で勝利。第2戦はチェンで敗れたが、第3戦はこのシーズン自身初の二桁勝利（10勝）を挙げる活躍を見せていた吉見一起が8回無失点、ウッズが9回に2ランを放ってセカンドステージに進出した。

セカンドステージでは、リーグ優勝の巨人を相手に初戦を山本昌と本塁打攻勢で競り勝つも、第2戦は前年二桁勝利の右腕・朝倉健太が打ち込まれて大敗。引き分けを挟んだ第4戦は5投手をつぎ込んだが、3番手の左腕・髙橋聡が巨人の主砲・ラミレスに被弾して敗退した。

岩瀬が史上初の記録樹立&立浪が通算2500試合

在任期間ワーストの3位とはいえ、就任以来5年連続のAクラス入り。主力選手たちは実績を積み上げ、記録を次々と樹立した。

山本昌は5月14日の東京ヤクルトスワローズ戦で史上26人目の3000投球回を、1986年にプロ初登板した神宮の地で達成。さらに8月4日の巨人戦（ナゴヤドーム）では史上最年長42歳11カ月で200勝を達成している。

6月には、ウッズがプロ野球史上13人目となる全球団本塁打をマーク。守護神・岩瀬はいずれも史上初となる4年連続30セーブ、10年連続50試合登板の記録を樹立した。そして、ミスター・ドラゴンズこと立浪和義が史上7人目の通算2500試合出場を果たし、翌2009年限りの現役引退を表明した。

一方、北京オリンピックには全面協力した中日ドラゴンズだが、翌2009年に控えたワールド・ベースボール・クラシック（WBC）では候補5選手が出場を辞退した。オフには、通算350本塁打をマークした中村紀洋が東北楽天ゴールデンイーグルスにFA移籍し、主砲・ウッズが退団。エース・川上もMLBアトランタ・ブレーブスへ移籍した。
若手では、のちにセットアッパーとなる浅尾拓也が44試合に登板し、新戦力が台頭。落合監督は球団と新たに3年契約を結んでV奪回に挑むことになった。

開幕オーダー

1	二	荒木雅博
2	遊	井端弘和
3	右	李炳圭
4	一	ウッズ
5	左	和田一浩
6	三	中村紀洋
7	中	森野将彦
8	捕	谷繁元信
9	投	川上憲伸

チーム成績

打率	.253	⑥
本塁打	140	③
得点	535	⑥
盗塁	51	⑤
防御率	3.53	③
失点	556	③

※丸数字はリーグ順位

CS

〈第1ステージ〉	
中日（2勝）	阪神（1勝）

〈第2ステージ〉	
巨人（3勝1分）	中日（1勝1分）

シーズン

チーム	試合	勝利	敗北	引分	勝率	ゲーム差
読売巨人軍	144	84	57	3	.596	——
阪神タイガース	144	82	59	3	.582	2.0
中日ドラゴンズ	144	71	68	5	.511	12.0
広島東洋カープ	144	69	70	5	.496	14.0
東京ヤクルトスワローズ	144	66	74	4	.471	17.5
横浜ベイスターズ	144	48	94	2	.338	36.5

2009
吉見が初の最多勝も序盤の谷繁離脱でリーグ2位

就任6年目を迎えた落合監督は2年連続で日本シリーズ進出を逃した。シーズン終了後に立浪和義が引退し、チームの世代交代が加速。

4月は10勝13敗　7月に9連勝も及ばず

チームスローガンは落合監督就任の2004年以来、一貫して「ROAD TO VICTORY」。川上憲伸、ウッズ、中村紀洋ら投打の主力が抜けた2009年、新展開があった。これまで横一線のサバイバルとしていたキャンプ初日に、レギュラー8選手を固定させる方針を示したのだ。

しかし、雪辱を期したシーズンは、例年は成功している開幕ダッシュに暗雲が漂った。

4月3日からの開幕カード（ナゴヤドーム）は横浜ベイスターズ（現・横浜DeNAベイスターズ）を相手に3タテしたが、2カード目の東京ヤクルトスワローズ3連戦（神宮）では正捕手・谷繁元信が右ふくらはぎ肉離れで離脱した。岩瀬仁紀が4月21日の阪神タイガース戦（ナゴヤドーム）で球団新の通算587試合登板を果たすなど奮闘したが、4月のチームは10勝13敗で、いきなり借金を背負った。

5月12日のヤクルト戦（岐阜）で岩瀬が史上4人目となる通算200セーブを挙げると、同19日（県営大宮）には和田一浩が古巣の埼玉西武ライオンズから本塁打を放ち、近鉄バファローズを含む史上5人目の「全13球団本塁打」を達成した。同28日には東北楽天ゴールデンイーグルス戦（ナゴヤドーム）で岩瀬が史上33人目の通算600試合登板を果たすなど巻き返しを図り、6月にチーム8連勝で追走。9連勝を飾った7月には首位・読売巨人軍に一時1・5ゲーム差まで迫った。

7月までにプロ5年目左腕・川井雄太《ゆうだい》が球団新記録の開幕11連勝という新戦力の台頭もあったが、シーズン終盤は失速（シーズン通算11勝5敗、防御率3・78）、首位・巨人に12ゲーム差の大差で2位に終わった。クライマックスシリーズ（CS）でも、セカンドステージで巨人相手に1勝にとどまり、2年連続で日本シリーズ進出を逃した。

通算2480安打の立浪和義が引退

優勝は逃したが、個人成績では輝かしい数字が並んだ。ウッズの後釜として加入した新外国人のブランコは39本塁打、110打点で二冠を獲得。2年連続の二桁勝利を達成した吉見一起は16勝で初の最多勝に輝いた。守護神・岩瀬が41セーブで最多セーブ王に輝いたほか、チェンが1・54という驚異の数字で最優秀防御率のタイトルを獲得。また、二遊間コンビの荒木雅博、井端弘和の「アライバ」は6年連続でゴールデングラブ賞を手にした。

ベテラン勢は金字塔を打ち立てた。序盤に負傷した谷繁も、復帰後は7月15日の阪神戦（甲子園）で野村克也（西武）に次ぐ、捕手として歴代2位の通算2328試合出場を達成。9月1日の広島東洋カープ戦（浜松）では、通算200本塁打と200犠打の記録をダブルで達成した。

このシーズン限りでの引退を表明していた立浪和義は、9月30日の巨人戦でシーズン初スタメンとなる「6番・一塁」で出場、本拠地のファンに別れを告げた。1988年、ドラフト1位で入団したルーキーイヤーには、遊撃手として新人王と高卒新人では初のゴールデングラブ賞を獲得。2003年には史上30人目の通算2000安打を放ち、ミスター・ドラゴンズと呼ばれた。この日は自身が持つ通算最多二塁打記録を487本に更新し、猛打賞もマーク。通算安打も史上7位（当時）となる2480本に伸ばし、「背番号3」はバットを置いた。

また、中日ドラゴンズ一筋18年の井上一樹も引退。外野手では藤井淳志の台頭が際立った。

開幕オーダー

1	二	荒木雅博
2	遊	井端弘和
3	三	森野将彦
4	一	ブランコ
5	左	和田一浩
6	右	井上一樹
7	中	藤井淳志
8	捕	谷繁元信
9	投	浅尾拓也

チーム成績

打率	.258	③
本塁打	136	②
得点	605	②
盗塁	81	③
防御率	3.17	②
失点	508	②

※丸数字はリーグ順位

CS

〈第1ステージ〉	
中日（2勝）	ヤクルト（1勝）

〈第2ステージ〉	
巨人（4勝）	中日（1勝）

シーズン

チーム	試合	勝利	敗北	引分	勝率	ゲーム差
読売巨人軍	144	89	46	9	.659	――
中日ドラゴンズ	144	81	62	1	.566	12.0
東京ヤクルトスワローズ	144	71	72	1	.497	22.0
阪神タイガース	144	67	73	4	.479	24.5
広島東洋カープ	144	65	75	4	.464	26.5
横浜ベイスターズ	144	51	93	0	.354	42.5

2010 三つ巴の激戦を制して2006年以来4年ぶりV

球団史上最長となった7年目の指揮、〝落合竜〟は序盤に苦戦。夏から記録的な追い上げを見せ、高い投手力で阪神、巨人をねじ伏せた。

鉄壁の二遊間コンビ「アライバ」のコンバート

2007年のペナント争いを彷彿《ほうふつ》とさせる読売巨人軍、阪神タイガースとの三つ巴の激戦だった。中日ドラゴンズは9月に怒濤《どとう》の追い上げを見せ、落合竜4年ぶり3度目のリーグ優勝を果たした。

序盤は打線の不調に悩まされた。シーズンが幕を開けた広島東洋カープ戦（ナゴヤドーム）では吉見一起が初の開幕投手を務め、6回9安打自責点2の粘投も黒星発進。前年打撃二冠の主砲・ブランコは他球団から徹底マークに遭った。

谷繁元信は4月6日の横浜戦で新人から22年連続本塁打のプロ野球タイ記録（写真は同年4月13日）

また、鉄壁の二遊間コンビである荒木雅博、井端弘和のポジションを入れ替えるという異例のコンバートが話題となった。結果として、前年フル出場の井端は目の不調で53試合出場にとどまり、荒木は遊撃手として20失策を犯した。4月6日の横浜ベイスターズ（現・横浜ＤｅＮＡベイスターズ）戦（横浜）では谷繁元信が今季初本塁打を放ち、プロ野球タイ記録（当時）となる新人から22年連続本塁打を記録している。

5月には落合博満監督が通算５００勝目を挙げるも、交流戦は11勝13敗の9位。勝ちきれない試合が続いたが、夏の訪れとともに反撃に出る。7月下旬に今季初の7連勝を飾り、8月にはプロ27年目の左腕・山本昌が7日の阪神戦（ナゴヤドーム）でシーズン初勝利を挙げ、23年連続勝利のプロ野球記録を達成。山本は9月4日の巨人戦（ナゴヤドーム）では史上最年長45歳24日の完封勝利をやってのけ、チームに勢いをもたらした。

新戦力では、浅尾拓也が9月5日の巨人戦（ナゴヤドーム）で21試合連続ホールドポイントのプロ野球記録を樹立。チームは驚異の追い上げを見せ、9月10日には4月15日以来の首位に浮上した。

本拠地での勝率7割超&チーム防御率は12球団一

9月26日の東京ヤクルトスワローズ戦（神宮）に敗れると、2位・阪神にマジック8が点灯。しかし、30日（甲子園）に阪神が横浜に敗れたため、今度は中日にマジック1がともった。さらに阪神が10月1日、広島戦（マツダ）で敗れたことで、中日のリーグ優勝が決まった。シーズン通算は79勝62敗3分け。終わってみれば、阪神と巨人とのゲーム差はわずか1という僅差でのペナント制覇だった。

チーム打率と総得点はリーグ5位も、チーム防御率は12球団を通してもトップ。高い投手力で勝負を決めたことは、広い本拠地・ナゴヤドームでの成績が51勝16敗1分けと圧倒的な勝率だったことからも明らかだ。

クライマックスシリーズ（CS）はセカンドステージで巨人を4勝1敗と下し、2007年以来3年ぶりの日本シリーズへ。シリーズでは、リーグ3位からクライマックスシリーズ（CS）を勝ち上がった千葉ロッテマリーンズに2勝4敗1分けと敗れ、

3年ぶりの日本一はならなかった。
移籍3年目の和田一浩は3割3分9厘、37本塁打、93打点、加えて最高出塁率でセ・リーグMVPを獲得した。また、当時球団最多の72試合に登板した浅尾がリーグ最優秀中継ぎ賞、岩瀬仁紀は2年連続4度目のセーブ王を受賞。落合博満監督は球団史上最長となる在任7年目を終え、ラストイヤーとなる2011年を迎える。

開幕オーダー

1	中	大島洋平
2	二	セサル
3	三	森野将彦
4	一	ブランコ
5	左	和田一浩
6	遊	井端弘和
7	右	野本圭
8	捕	谷繁元信
9	投	吉見一起

チーム成績

打率	.259	⑤
本塁打	119	④
得点	539	⑤
盗塁	53	⑥
防御率	3.29	❶
失点	521	❶

※丸数字はリーグ順位

シーズン

チーム	試合	勝利	敗北	引分	勝率	ゲーム差
中日ドラゴンズ	144	79	62	3	.560	——
阪神タイガース	144	78	63	3	.553	1.0
読売巨人軍	144	79	64	1	.552	1.0
東京ヤクルトスワローズ	144	72	68	4	.514	6.5
広島東洋カープ	144	58	84	2	.408	21.5
横浜ベイスターズ	144	48	95	1	.336	32.0

日本シリーズ

	ロッテ（4勝1分）			中日（2勝1分）	
ナゴヤドーム	成瀬	○	5-2	●	吉見
ナゴヤドーム	マーフィー	●	1-12	○	チェン
千葉マリン	渡辺俊	○	7-1	●	山井
千葉マリン	伊藤	●	3-4	○	高橋
千葉マリン	ペン	○	10-4	●	中田賢
ナゴヤドーム	成瀬（先発）	△	2-2	△	チェン（先発）
ナゴヤドーム	伊藤	○	8-7	●	浅尾

2011 「監督退任」発表から大逆転 球団史上初の連覇

8年間の長期政権となった落合監督の最終年は2年連続9度目のV。最大10ゲーム差から奇跡の追い上げを見せ、球団創設76年目で初の連覇を飾った。

東日本大震災で開幕延期～異例続きのシーズン

オープン戦期間中の3月11日、東日本大震災が発生。開幕日は3月25日から4月12日に延期され、前例のないシーズンを迎えた。

震源地に近い宮城県仙台市に本拠地を置く東北楽天ゴールデンイーグルスの主催試合は、しばらく代替地での開催を余儀なくされた。また、国からナイター開催自粛を要請されたことで在京球団はナイターをデーゲームに振り替えるなど、選手たちもファンにとっても異例のシーズンが進行した。

4月12日、横浜ベイスターズ（現・横浜DeNAベイスターズ）との開幕戦（横浜）のマウンドには身長2メートル超のネルソン。粘投するも、9回に浅尾拓也が打たれて黒星発進となった。4月下旬には、オフに右肘手術を受けた吉見一起が復帰すると、5月には横浜から移籍した佐伯貴弘が20日の埼玉西武ライオンズ戦（西武ドーム）で4安打。6月5日の千葉ロッテマリーンズ戦（ナゴヤドーム）では、このシーズン自己最多の113試合に出場する平田良介が2試合連続サヨナラアーチを放ち、7月3日の読売巨人戦（東京ドーム）ではプロ3年目の右腕・伊藤準規がシーズン初勝利を挙げるなど新旧戦力が活躍した。

8月3日時点で首位・ヤクルトには10ゲーム差をつけられていたが、同17日にはチェンが巨人打線を相手に8回途中まで完全試合ペースで今季初完封。同下旬にはブランコ、井端弘和が合流して反撃態勢が整った。

優勝争いのさなかに落合監督の退任発表

ヤクルトに4・5ゲーム差まで詰め寄っていた9月22日、球団から落合監督の2011年シーズン限りでの退任が発表された。26試合を残し、この日から首位・ヤクルトとの直接対決4連戦（ナゴヤドーム）に臨むタイミングでの発表に疑問の声が飛んだが、チームは一気に巻き返す。

ヤクルトとの4連戦を3勝1敗として波に乗り、10月6日には首位に立った。同18日の横浜戦（横浜）で延長10回、引き分けに持ち込んで2年連続9度目の優勝。落合政権では4度目のリーグV。チーム打率はリーグワーストだったが、チーム防御率2・46はリーグトップの「守り勝つ野球」で大逆転劇を演じた。

この年の「守り勝つ野球」を象徴したのが、18勝を挙げて2度目の最多勝を獲得した吉見一起と、中継ぎとして初のMVPを獲得した浅尾だろう。吉見は防御率1・65で最優秀防御率、勝率8割5分7厘で最高勝率もマークした。浅尾は前年の72試合を上回る79試合に登板し7勝2敗10セーブ、45ホールド、52ホールドポイント、防御率0・41。87回1／3を投げ、自責点はわずか4だった。

落合監督の退任発表から優勝までのチーム成績は15勝6敗3分け。球団創設76年目にして初となるリーグ連覇は、指揮官の退任発表によってもたらされた形となった。

2年連続で進出した日本シリーズは3勝4敗で福岡ソフトバンクホークスに惜敗。このシリーズで4試合に登板、2セーブを挙げた岩瀬仁紀は、シーズンではプロ野球新記録となる287セーブの偉業を達成している。

選手に数々の記録を残した落合監督は、チームにも4度のリーグ制覇と1度の日本一をもたらし、8年間に及んだ球団最長政権に幕を下ろした。

チーム成績

打率	.228	⑥
本塁打	82	③
得点	419	⑥
盗塁	41	⑤
防御率	2.46	❶
失点	410	❶

※丸数字はリーグ順位

開幕オーダー

1	遊	荒木雅博
2	二	井端弘和
3	三	森野将彦
4	左	和田一浩
5	右	グスマン
6	一	ブランコ
7	中	大島洋平
8	捕	谷繁元信
9	投	ネルソン

CS

〈第1ステージ〉	
中日（4勝）	ヤクルト（2勝）

シーズン

チーム	試合	勝利	敗北	引分	勝率	ゲーム差
中日ドラゴンズ	144	75	59	10	.560	——
東京ヤクルトスワローズ	144	70	59	15	.543	2.5
読売巨人軍	144	71	62	11	.534	3.5
阪神タイガース	144	68	70	6	.493	9.0
広島東洋カープ	144	60	76	8	.441	16.0
横浜ベイスターズ	144	47	86	11	.353	27.5

日本シリーズ

	ソフトバンク（4勝）			中日（3勝）	
ヤフードーム	馬原	●	1-2	○	浅尾
ヤフードーム	馬原	●	1-2	○	平井
ナゴヤドーム	攝津	○	4-2	●	ネルソン
ナゴヤドーム	ホールトン	○	2-1	●	川井
ナゴヤドーム	山田	○	5-0	●	チェン
ヤフードーム	和田	●	1-2	○	吉見
ヤフードーム	杉内	○	3-0	●	山井

証言①

落合政権で4年連続の開幕投手

川上憲伸

（元・中日ドラゴンズ投手）

MLB的思考

監督就任初年の2004年。落合監督は開幕投手に右肩痛で低迷していた川崎憲次郎を指名。落合監督の仰天起用はファンのみならず、身内をもあざむいてみせた。チーム内の情報統制をするなか、指揮官は右腕エースに次々と決断を迫る。「やるのか、やらないのか」「お前がオーダーを決めろ」——。

かわかみ・けんしん●1975年6月22日、徳島県出身。徳島商業高-明大。97年ドラフト1位で中日ドラゴンズ入団。NPB通算275試合登板、117勝76敗1セーブ、1ホールド、3ホールドポイント、防御率3.24。2017年3月引退。右投げ右打ち。

DRAGONS
11

落合博満監督が重視した「情報統制」。予告先発がなかった当時のセ・リーグでは先発投手を相手チームに知られぬようにする「先発隠し」が行われていた。ブルペンに行くタイミング、ダッシュの距離なども〝偽装〟され、練習内容を見て先発を予想する相手チームに悟られないようにするのが常だった。

この先発隠しを落合竜は徹底させた。なかでも伝説的に語り継がれる逸話が就任初年の2004年4月2日、開幕戦の広島東洋カープ戦（ナゴヤドーム、現・バンテリンドーム）における川崎憲次郎の起用だった。

川崎は2001年にフリーエージェント（FA）権を行使し、ヤクルトスワローズ（現・東京ヤクルトスワローズ）から移籍した。シュートを武器にエース級の活躍が期待されたが、同年のオープン戦で右肩を負傷して長期リハビリに入ると、2003年まで3年連続で1軍登板はなかった。

落合監督就任1年目の2004年、どんな采配を振るのかと待ち受けた選手たちは全員、強烈な先制パンチを食らった。当時、先発の柱だった川上憲伸もその一人だ。

「落合さんが監督になってまず気づいたのは、『情報を漏らす』ことを嫌う。確か最初のミーティングのときに声を発していたと思うんですよ。球団内でも仲間だからといって、何でもかんでも『オレが明日投げる、明後日投げる』『誰々のどこが調子悪いみたいだよ』とか、そういうことを話すのはやめようと」

2004年の開幕投手「お前はないからな」

　2004年の春季キャンプイン前日の1月31日。各球団では全体ミーティングを行う。沖縄・北谷《ちゃたん》で行われた中日ドラゴンズの全体ミーティングでは、まず「情報漏洩《ろうえい》禁止」を申し渡されたという。その直前、落合監督は〝伝えたいことがある〟と、川上の部屋を訪れていた。宿舎で同部屋だった1歳上の先輩・岩瀬仁紀（現・野球解説者）と2人で雁首《がんくび》を揃《そろ》えて待っていた。そこで、指揮官と初めて対面した川上は真意を測りかね、2カ月にわたって悩むことになる。

「『お前は開幕投手、ないからな。頑張れ』と。その一言だけで終わった感じですね。『……以上』みたいな。現役時代の落合さんと接していなかったので、最初は、もしかしてリラックスさせるために言ったのかなとか、いろいろ考えてしまいました。（監督就任決定後の）秋季キャンプ前後にスーツ姿でいらしていたのですが、具体的な話はなく、『よろしく』みたいな挨拶だけで終わったと思います。初めて交わした会話が『お前は開幕投手、ないからな。頑張れ』。それ以外の言葉はなかったんです」

　どういう意味なのだろう――。言葉どおりに受け取れば、そのまま開幕投手ではないという意味にすぎない。しかし、なぜわざわざ「ないからな」と口にするのか。

　プロ14年間で開幕投手を7度務めた〝ミスター開幕投手〟も、若手時代は浮き沈みを味わった。ルーキーイヤーの１９９８年には新人王に輝き、翌年にはプロ2年目にして開幕投手のマウンドに立った。２０００年以降は体調不良とケガで一時不調に陥ったが、２００2年には自身2度目の二桁勝利をマーク。2度目の開幕投手を務めた２００3年は右肩関節唇損傷で戦線離脱しており、落合竜初年は復活をかけるシーズンだった。

「先発投手はある程度、開幕投手は意識するもの。今まで春季キャンプ前に『開幕投手はお前だ』と指名された人っているんですかね？　僕はその前に1度やっていますが、さすがにキャンプ前には言われなかったんですよ。キャンプ前に『開幕投手だ』と言われることも考えにくいうえに、『ない』と言われるのもまた意味がわからない。ないならないで改めて言わなくてもいいのに……と思って、いろいろ考えました」

答えは見つからないまま、オープン戦に突入していった。先発陣には１９９９年に19勝を挙げた左腕・野口茂樹が健在、前シーズンも26試合登板で9勝7敗をマークした山本昌（現・野球解説者）、２００3年は中継ぎ・先発とフル回転していた平井正史（現オリックス・バファローズ投手コーチ）、横浜ベイスターズ（現・横浜ＤｅＮＡベイスターズ）から移籍したばかりの右腕・ドミンゴもいた。一体、開幕投手は誰なのか？

「先発陣みんなで『誰なんだ、誰なんだ』となってきて。でも、オープン戦をやっていると、だいたい先発（の順番）がわかってきますから、そこで僕は思ったんです。誰かがウソをついているなと。おそらく外国人選手はいちいちウソをつかないだろうし、まさか朝倉健太（現・中日編成担当）や若いピッチャー、成績が振るわなかったピッチャーがいくとも思えない。たぶん、開幕投手は山本昌さんか野口さんなんだろうな。これはきっと山本昌さんかな……と勝手な想像をしていたんです。逆に、山本昌さんは『川上かな、いや野口かな』、野口さんは『山本昌さんかな、いや憲伸かな』と考えている。それがオープン戦中盤まで続いていたと思います」

「開幕3戦目らしいぞ。開幕じゃないらしい」

疑心暗鬼の三つ巴。一方で、4月2日の開幕戦は刻一刻と近づいてくる。しかも、本拠地ナゴヤドームでの開催だ。当時の報道では、開幕投手について落合監督は「みんなが思っているのと大差はない」と短いコメントを残している。川上は何があってもいいように、開幕戦のチケットを押さえた。

「シーズン最初のナゴヤドーム開催。僕が開幕投手なら、徳島県の実家から両親を呼んだり、身内を呼んだりしなきゃいけない。選手用のチケットも早い者勝ちで、早く押さえないとなくなってしまうんです。開幕投手は山本昌さんも野口さんも違うって言うし……ひょっとしてオレかな？　と思って、一応開幕日はSS席などいいところを押さえました」

登板するかどうかわからないままチケットを大量購入し、3月30日に愛知・名古屋市内で行われた激励会に出席した。親会社である中日新聞社主催の「本社激励会」と呼ばれる行事だ。

4月2日の開幕戦まであと3日と迫っても、開幕投手がわからない。川上は当時、登板日の2日前にブルペン入りすることをルーティンとしていたが、登板日を知らされていないため、いつブルペンに入ればいいのかがわからなかった。

激励会の席上、落合監督は「ケガ人はグラウンドには出しません」と発言したとされる。このときすでに、右肩痛を抱える川崎に開幕投手を決めており、全員が落合監督に裏をかかれていた。

そんなこととはつゆ知らず、川上はたまらず当時の森繁和1軍投手コーチに「僕は明日、ブルペンに入ればいいんですかね」と聞いた。「明日、ブルペン」の指示なら開幕投手確定だ。

「そうしたら、森さんが『えっ、むしろオレが聞きたいんだけど。お前、いつ投げるか言われてる?』と言うので、僕が何も知らないことを伝えると『じゃあ、今から聞いてきてあげるよ』と、その場からいなくなった。戻ってきたら『開幕3戦目らしいぞ。開幕じゃないらしい』。僕は、開幕の3日前に自分が投げる日がわかったんです」

開幕投手は、移籍後3年間1軍登板ゼロの川崎。先発予想をしていた当時のスポーツ紙全紙がこけ、開幕戦当日は先発メンバーのアナウンスに観客からざわめきが起きた。死に場所を与えたとも、最後にして最大のチャンスを与えたともいわれる仰天起用だった。

報道陣には川崎の起用を悟られない言葉を撒《ま》いていたが、川上に発した「開幕投手、ないからな」の発言に偽りはなかったのだ。

「落合さんがもともと口数が少ないかただと知っていましたが、口数が少ないことと情報を漏らさないことは、また別の話。だから、本当にびっくりしました。もし（先発は）『開幕3戦目な』と事前に言われていたら、僕としては素直に『あっ、ハイ』じゃないですか。でも、『開幕投手じゃない』という言い方は、あとから『落合さんらしいな』と思いましたね」

ブルペンでの会話は一切なかった

落合監督が選手として1987〜93年に中日に在籍していた当時も一緒に過ごした選手であれば、多少なりとも人柄は把握しているだろう。当時29歳の川上は、落合監督がパ・リーグの日本ハムファイターズ（現・北海道日本ハムファイターズ）で現役最終年を過ごした1998年に、セ・リーグの中日に入団。偉大な三冠王であるとは知っていても、どんな人物なのかを知る由はなかった。

就任初年の春季キャンプ。どの球団であっても、選手たちは監督がどんな方針を示すのか、一挙手一投足に注目しながら感じようとするものだ。2004年の沖縄・北谷では、これまで川上が経験したことのない光景が大小織り交ぜて繰り広げられた。

「それまでの監督さんは、たいがいブルペンで話しかけてきたんですよね。『今年はどうだ』『昨季は誰に打たれた』『どのチームの調子がいいか』のような内容です。ほかの監督さんはみんなそうでした。でも、落合さんとはブルペンで一切会話はないけれど、ランニング中には話しかけてくるんです。その内容も、『トラック1周で1分20秒を切ったら終わり』『切れなかったら、残り時間はずっと走れ』などの言い切り型で終わる。僕らが『ちょっと待ってくださいよ』『間を取って1分30秒はどうですか』と言ってみたところで、『言っただろう。20秒を切ったら終わり、終わらなかったら残り5分はずっと走れ』で変わらない。できないことは言っていないのだと思いますが、そのときに性格的にそういう感じなのかなと思いました」

「イエスかノーか、はっきりしろ」

川上は徳島商3年夏に甲子園8強入り。明治大学に進学、〝御大〟島岡吉郎監督が伝統をつくった「人間力野球」を叩きこまれた。1997年ドラフト1位で入団すると、同じ明治大学OBの〝闘将〟星野仙一監督（当時）が待っていた。川上には熱血指導に高い耐性があったが、落合監督の〝静けさ〟はこれまでに出会ったことがない、新しい監督像だった。

「最初の印象は一言で言えば、ロボット的な雰囲気なんです。きつい練習メニューにしても、たとえば選手が『ちょっと待ってください』と言ってみたりする余地がない。これは怒られたかなというときに、ちょっと顔の表情でごまかして、相手から『まあ、ええわ』『お前、ズルいヤツやなあ』と言われながらコミュニケーションを取るような、〝会話の遊び〟はまったくない。イエスかノーだけ。『？』はない。『イエスかノーか、はっきりしろ』が口癖のような感じだったんです。とにかく『はっきりしろ』」

開幕戦は川崎が1回1／3を5失点KOも、打線が奮起して8－6で白星発進。2戦目も取り、3戦目の4月4日には延長11回にサヨナラ勝ちを収めた。川上はこの3戦目で延長11回157球を投げ切り、9回まで毎回の11三振を奪った。2003年途中に右肩関節唇損傷でリハビリしており、約1年ぶりの白星だった。

開幕3連勝。幸先のいいスタートだが、川上はその試合で交代の決断を迫られた。

「8回くらいに落合さんから『どうする？』と聞かれました」

当時、そう聞かれたときによく答えていたフレーズがあった。

「いけるところまでいきます」

「ピンチになったら、できるだけ頑張ります。ダメだったら代えてください」という意味合いを込めたもので、投手交代の決断は投手コーチや監督に委ねる――。多くの投手が言うであろう常套《じょうとう》句だ。しかし、落合監督は曖昧なコミュニケーションを望まなかった。

「落合さんは『お前が決めろ。いくのか、いかないのか』と。えっ？　となりましたね。8回くらいだったので、普通であればバテてきてるし、絶対に抑えるという自信もない。でも、勝ちたいという欲望はある。ただ、プロ野球は『勝ちたいなら、ずっといかせてやる』とか、そんな思いだけでは許してくれない世界。ましてや、落合さんと僕との間には過去の蓄積がないわけです。そのときに『どうするんだ。いくならいけ。お前が決めろ』という感じで言われて、自分が決めるの？　と。変なプレッシャーもありましたが、一瞬で責任感が出ました。結果的には抑えて勝ったんですが、その言葉がすごく印象に残っています」

基準は結果だけ――落合さんはアメリカ的

やるのか、やらないのか。二者択一なのである。落合監督と初対面だった29歳の川上は「コンピューターと会話しているみたい」に感じたが、のちに別の地でその意図に気づいたことがある。２００９年、海外ＦＡ権を行使してアトランタ・ブレーブスに移籍が決まり、渡米してからのことだった。

「アメリカに行ってしばらくして、『あ、落合さんって、こんな感じだったなあ』と思うようになりました。アメリカでは人間がみんなそうでした。基本的に日本のように微妙な、曖昧な発言がない。たとえば、ブルペンで軽く投げているところをコーチが見たとします。日本だったら、『どうして軽く投げているんだ』『いや、ちょっと肩が張ってて、本当は痛いんですよ』『じゃあ、今日は軽くやっとけよ』という感じで終わる。でも、アメリカでは『痛いのか、痛くないのか。それよりもまず投げるのか、投げないのか。どっちなんだ』という感じなんです。痛いならやめろ、中途半端に頑張るのはやめろ、と言われる。日本人が好きな〝男気出して〟みたいなことが通用しない。あとは、アメリカで先発ローテーションを外れるときは基本、監督室に呼ばれるんですよ。監督が外れる理由を説明して、選手を納得させる。僕も経験しましたが、そのときに『これ、日本でもあったな』と。落合さんの言葉とダブりました。先取りしていたんだなと思ったことの一つです」

ＭＬＢ移籍初年の２００９年は、4月11日のメジャー初登板となるワシントン・ナショナルズ戦で白星を挙げた。２０１０年には右肩の違和感もあってフォーム改造を行いマイナーも経験。２０１１年には2A落ちとなって辛酸をなめた。日米の文化、野球の違いも味わった。練習後に自主練習をしていたら、グラウンドに響き渡るマイクで「カワカミ、やめなさい。ただちに練習をやめなさい」と言われたこともあったという。

「日本だったら『練習後の練習は素晴らしい。よし、使ってやろうか』になりがちですが、アメリカでは一切ない。高校、大学も、星野（仙一）さんのときも、監督やコーチの前で一生懸命練習したら価値が上がる、というイメージでした。子どもでたとえたら、お母さんの前で勉強している姿を見せたら、お母さんが安心する。仮にテストができなくても。頑張っているところを見せたら〝よし、いいぞ〟だったはずの基準が急に変わったという感じです。日本では、練習やランニング、アップのときにずっと見ている監督がほとんどでしたが、落合さんは練習にいない。いないんだから、基準はそこじゃない。結果なんです。落合さんはアメリカ人なんですよ」

キャンプ初日の紅白戦もメジャー方式だった

就任時の記者会見で、落合監督は春季キャンプ初日にいきなり紅白戦を行うと予告した。それもまた、のちに考えればアメリカ的であったという。

春季キャンプは通常、4勤または5勤ごとの休日1日をワンセットとして「1クール」と換算する。しかし、2004年の中日では第1クールがいきなり8勤。しかも、初日が紅白戦。2月29日のキャンプ打ち上げまで、休日はわずか3日というハードスケジュールだった。

「最初は驚きました。そのうえ、2月1日にいきなり試合。これも『ええーっ』ですよ。でも、5年後にアメリカへ行ったら、メジャーのキャンプがそうだったんです。休みがない。すぐにオープン戦が始まるので、キャンプは初日から全力で投げないといけない。でも2004年当時、2月1日の試合の準備には相当困りました。まず、やったことがなかったので」

オフ中に投手が捕手を座らせて投球練習することは異例中の異例。体づくりに重きを置き、投げることに関しては遠投がセオリーだ。しかし2月1日に試合となれば、少なくとも2週間前から捕手を座らせての投球練習、そして変化球も投げておく必要がある。

川上はその2月1日、147キロをマーク。エースは無理難題に直面しても、きっちり仕上げてみせた。

「キャンプで147キロも出たら、シーズンでは160キロは出るんじゃないかと思ったくらいです。それまで基本的に自主トレ中はキャンプに向けての準備だったのが、ピッチング、『野球』をするようになりました」

試合は全面的に選手に任せていた

就任初年のシーズンが始まると、落合監督は要所でマウンドに自ら足を運んだ。練習中に交わす言葉は少なかったが、マウンドでは次に起こり得る「たら・れば」を想定した具体的な指示が飛んだ。日々のミーティングはない代わりに、川上はこれが「現場でのミーティング」だと感じていた。

「代えられるときは、どっちかと言えば笑顔でしたね。交代しないときは、顔を引き締めて無表情でマウンドへ来る。真剣な顔をして来たときは、谷繁（元信、現・野球解説者）さんに『次、どう攻めるんだ』と聞くなど、作戦的な話をする。次にシュートを投げたら何が起きるのか、ゲッツーシフトを敷くのか、それともアウト1つを取りにいくのか。作戦次第で配球も変わるので、僕も考えながら答えていく。『こうやって覚えていけよ』ということだったのだと思います。落合さんの考えが浸透してきたら、あとはマウンドに行くのは森投手コーチに任せるという感じだったんじゃないですかね」

落合監督ならではの具体的なアドバイスをもらったこともあった。「一番打たれている打者が嫌がることをなぜしないのか」——。川上は当時ヤクルトのラミレスを苦手としていた。ヤクルト戦の前夜、宿舎の食事会場で呼ばれた。

「打たれている相手はラミレスだけだから、ラミレスで負けているのだと。『自分の得意な球を投げようとするのはわかる。谷繁と2人で一生懸命リードを考えてやっているのもわかる。けれど、谷繁があれだけ毎試合ずっと出ていれば、ずれることもある。全部完璧なリードができているとはオレは思わない。打者が嫌がることをしているようには見えない。お前は（1週間に）たった1試合しか投げないんだから、自分でその感覚をつかんでいかないといけない』という話をされました。僕の基本はアウトコースのカットボール。それをラミレスは嫌がってないのに何でそれを投げるんだ、ということです。『スローカーブを4球続けたことあるのか？　ああいう打者に一番有効なのはスローカーブだ』と」

強打者にスローカーブを投じること自体、投手は高いリスクを背負う。さらに、4球連続のスローカーブは大胆すぎる提案だった。

「スローカーブはピッチャーにとって勇気がいるんですよ。待たれたら〝打撃練習の球〟なので、セオリーからすると、2球続けるっていうのは……。僕はそう思ったんです。落合さんは『とことん続ければいい。打たれたら考えればいい。なぜやらない？　どっちみち打たれるんだから』」

その試合では結局、ラミレスに打たれ、スローカーブを連投することもなかった。

「やっぱり（サインに）首を振ってしまったんです。僕も中途半端だったたし、捕手としても、やっぱり目の前にその打者がいる状況になると、『これはないな』と思うでしょうし……。落合さんからはその後、何も言われなかったですよ。落合さんは試合中、選手を管理しないんですよ。基本、試合は選手に全面的に任せていました」

監督が近づいてきたら重要な話があるとき

やるのか、やらないのか。決断は常に二者択一を迫られた。決断することで人は大人になっていく。選手を自立させることで、監督の使命である「勝つこと」をまっとうしようとしたのか。また、現役時代に「やるのか、やらないのか」を自問自答してきたからこそ、三冠王だったのかもしれない。

しかし、川上にとって衝撃の決断を迫られた事件があった。阪神タイガースと優勝争いをしている最中のこと。甲子園のトレーナー室でマッサージを受けていたところ、落合監督が「ちょっと、いいか」とやって来た。

「試合の2日前とかじゃないですよ。試合が始まる寸前なんです。そろそろメンバー表を提出しなきゃいけないタイミング。『もう少しでマネジャーに渡すんだけど、お前がオーダーを決めろ』と言われて、『えっ？』となりました。『センターは誰にする？ サードは誰にするんだ』と。監督の考えを聞きながら、じゃあ、こうしようかな、と僕が書いていくうちに、出来上がってみたら守りのチームになっちゃったんですよ。守備固めの選手がスタメンで出ている状況。でも、決めたと言っても二者択一なんです。監督の意見は僕と全部逆だったので、監督がむしろそっちに寄せていったのだろうという気もします。でも、後々考えれば、僕に聞く意味はないんですよ。『守りのメンバーだな。点が入らないことはわかってるよな』ということなんです。一瞬、やられたと思いました。自分で1点もやれんなっていう野球になるじゃないですか。会話が毎回、将棋と一緒ですよね。自分でこれを言った以上、やってしまった以上、一切後戻りができない」

落合監督は「1点取られたら勝てないよ」と最後に言い残して、トレーナー室を出ていった。

「あのときは僕とトレーナーしかいませんでしたから、後にも先にも〝実はあの試合、僕がオーダーを決めました〟なんて、誰にも言えないような状況でした。だいぶ月日がたってから、トレーナーに『あのときのこと、覚えてる?』って聞いたら、『忘れもしない』と。甲子園のあの狭いトレーナー室――。投手にはよくありますよね、〝いけるとこまでいく精神〟。最初はノーヒットノーランを狙う、それができなかったら次は完封を狙う、完封ができないなら完投を狙えと。ピッチャーは普通、試合のなかでそう考えていく。だけど、あの日に限っては、もうそんな概念で捉えちゃいけないという気持ちになりました。登板前はものすごいプレッシャーがありましたね」

グラウンドで選手と談笑することはほとんどないが、落合監督は稀《まれ》に近づいてくる。試合当日、バックスクリーンの下で練習する投手陣の前に姿を現したとき、それには意味があった。

「ほかの監督なら様子をうかがったり、世間話をしたり。でも落合監督が僕のところに来るときは、重要な発言があるという意味。来て、言って、そのまま帰っていく」

シーズン中に、先発ローテーションを決めるように言われたこともある。試合後に監督室に呼び出されると、阪神、巨人戦に向けて先発ローテーションを再編する選択を川上に問いかけてきた。

「『問題はここからだぞ。中4日で巨人戦にいくのか。それとも中7日で阪神戦にいって、次に中4日で巨人戦か。自分で選べ』と。『どっちもきついんですけど、ほかの選択肢はないですかね』と答えたら、『お前がほかの試合にいってどうすんだ』と返されました。まあ、冗談はそれぐらいですよ。『お前が決めなきゃ始まらないんだ』と言われましたね。全員にローテーションを聞いていたら、順番が決まっていかないので、たぶん僕しか聞かれてないことだろうし、僕が中心に回っていかなきゃいけないし。自分で『そこにいきます』と言った以上、勝たなければいけないと思いますよね。選手にやる気を出させることもそうですし、自覚を持たせること、そして〝逃げをつくらせない〟という考えなのだと感じましたね」

何かライバルのように監督とも戦っていた

就任初年は疑心暗鬼になった開幕投手は、2009年にアメリカへ旅立つまで、2005年以降は4年連続で川上が務めた。中日での開幕投手通算7度は球団史上最多。落合監督は右腕エースに責任を与えることで、球史に名を残す選手に仕上げたのか。

「きつい要求ではありますが、また聞きじゃないので、その点は楽ですよ。ただ、最終的にはシンプルに、『結果を出すためにどうしたらいいか』を自分でクリアしていかないといけない。監督があぁだこうだ言ってくれると、自分が考えんでもいいので楽なんですけど、落合さんからは言われない分、ちょっと苦労はします。その代わり、それで得たことは逃げていかない。必死で言われたとおりやっていたら、いつの間にか答えが出ていたみたいな感じです。選手は、現役生活が終わる頃に気づくんじゃないですかね。『ああ、何くそってやっていたことが結果を出す方法だったんか』って」

落合政権時代、川上はキャリアハイの成績を残している。タイトルは最多勝、最多奪三振。とくに2004年は沢村賞、最優秀選手賞も受賞した。

「感謝ですよね。僕が一番活躍できた、タイトルも多く獲れた時期は落合監督の期間ですから。ただ、何かライバルのように監督とも戦っていたという気もします」

（取材・文／丸井乙生）

証言②

社会人野球時代を知る「名伯楽」

高代延博

（元・中日ドラゴンズ1軍野手総合チーフコーチ）

たかしろ・のぶひろ●1954年5月27日、奈良県出身。智辯学園高・法大・東芝。78年ドラフト1位で日本ハムファイターズ（現・北海道日本ハムファイターズ）入団。89年、広島東洋カープに移籍して同年引退。国内外のプロ8球団で29年間指導。右投げ右打ち。

初志貫徹

2004年2月1日、2日。落合監督は前代未聞のキャンプイン即紅白戦を敢行。その舞台裏は、落合のアマチュア時代を知る高代延博コーチが支えていた。猛練習は選手だけでなく、コーチ陣にとっても猛練習。有言実行の指揮官は言った。

「コーチ陣は全身全霊を傾けてくれるスタッフを揃《そろ》えたい。キャンプは相当厳しいものになる」

落合博満監督が就任初年に計画したキャンプ初日からの紅白戦2連戦。2004年2月1日を前に、高代延博1軍野手総合チーフコーチは机で鉛筆を握りながら、うんうんとうなっていた。

目の前には5ミリマスの方眼紙。キャンプ恒例の日替わり練習スケジュールを組んでいた。1日分をつくるなら、昨年までは選手・コーチの動きをパズルのようにシミュレーションし、野手陣は4人1組で振り分けて打撃練習、守備練習、コンディショニングのほかに、特打・特守の選手を強化方針に沿ってピックアップ。時間割表の線を定規で引き、あとは背番号と選手名を書き込んでいくという慣れた仕事だった。

しかし、今回だけはどこをどう組み合わせてもうまく時間割のピースがはまらない。当時はコーチとして指導歴5球団目、キャリアは14年。のちに、2022年までにコーチ歴は33年を数えることになるが、こんな事態は後にも先にも初めてだった。

「通常は、春のキャンプやったら野手はだいたい20人、多くて21人くらいなのですが、落合監督の方針で（紅白戦当日は）野手は37人、1、2軍合わせて全員で練習することになったんですが、この37人の振り分けが大変でした。1つの球場では無理かなと思ったら、監督は『1つでやる。北谷《ちゃたん》でやる』と。最初は『考えてみます』と言ったけれど、考えに考えてもどうしても無理で。あまり監督には電話しないんですが、これは電話しました。そうしたら、もう監督は読谷村《よみたんそん》の2軍施設に使用しないと断りを入れていたみたいで、『そこを何とかならんですか』とお願いしました」

人数が多ければ、打撃練習でケージの数を増やさざるを得ない。しかし、置けるスペースには限界がある。落合監督の方針でコーチたちは専門分野を担うことになったため、投打両方を見渡すヘッドコーチや作戦コーチはおらず、専門の練習時の〝代わり〟がいない。パズルでスケジュールを考えるうえで、各分野のコーチの動きと練習をすべて連動させる必要もあった。

「一番大変なのはキャッチャー。どうしても動きが特別になるので、そうなると当時の森繁和ピッチングコーチ（現・野球解説者）の動きと合わせるのも大変。何とかしようとかなり考えたのですが、『これは無理だ』と。試合前の練習では、何とか読谷村の施設を使わせてもらえることになりました」

紅白戦初日は4000人の観客が詰めかけ、主力投手が次々と登板。降雨により5回で打ち切られたが、川上憲伸が最速147キロをマークするなど、選手たちの仕上がりが際立った。

鬼軍曹時代の広島より練習量が多かった

紅白戦の後は、高代もいまだかつて経験したことのない猛練習が待っていた。他球団では、キャンプは4勤1休のペースが基本。しかし、この年の中日ドラゴンズは8

勤1休とし、一番つらいとされる第1クールが長かった。その後も6勤1休。2月末にオープン戦が始まるまで、休みは3日間だけ。シーズンでは月曜以外は試合になることから、このペースとなったのだ。

高代はいわゆる「猛練習」を知っているつもりだった。高校時代は智辯学園高校（奈良）で、のちに智辯和歌山の監督も務めた名将・高嶋仁から薫陶を受けた。東京六大学リーグの法政大学ではベストナインを3回受賞。1学年下に〝怪物〟江川卓（現・野球解説者）がいた。社会人野球を経て、1978年ドラフト1位で日本ハムファイターズ（現・北海道日本ハムファイターズ）に入団すると、1年目からレギュラーの座をつかみ、名遊撃手として鳴らした。現役最終年となった1989年には、当時鬼軍曹と呼ばれた大下剛史（現・野球解説者）が1軍ヘッドコーチで復帰していた広島東洋カープへ。翌1990年から9年間にわたって広島でコーチを務めたが、落合監督が課した練習量は鬼軍曹時代の広島を超えていたという。

「大下さんがいたときのカープよりも多かったです。ものすごい練習量でした。選手はきつかったと思います。足がつった選手も何人かいて。全体練習のメニューで守備練習が1時間あったんですが、選手から『このあと、特守もあるんですか？』と聞かれて、『あるよ。始めるときは呼びに行くから、全体練習してこい』と答えた記憶がありますね。私は私でノックをバンバンやって、多いときで1日3000本かなあ。バッティングではバッティングピッチャーのほかにコーチも手分けして投げたけれど、それでも足りない。沖縄の野球専門学校の学生にアルバイトで来てもらって、テストで球筋を見て合格した学生に投げてもらいました。選手はもちろん、コーチもみんな大変だったと思います」

初めての経験だった。4組に分けた打撃練習は他球団であれば通常30分のところ、1組あたり特打クラスの1時間を割いた。ある組がメイン球場で1時間打つとしたら、ほかの組はサブグラウンドで1時間守備練習。選手にとって全体練習はすべて特打・特守レベルの練習となっていた。

広島でコーチも務めた高代は猛練習にも、激務にも慣れていたはずだった。

「カープの場合、コーチのやることがたくさんあるんです。阪神タイガースだと、阪神園芸さんがグラウンド整備をしてくれるけれど、広島では当時、練習が終わってからコーチ陣が（雨よけの）シートを敷くんです。これが重たい。ズボンはもう真っ黒けになってね。前夜に雨が降ったら、朝は5時30分くらいにグラウンドにいました。長靴を履いて、一輪車を持って。最初は寒いからジャンバーを着ているんだけど、最後のほうは『北斗の拳』のケンシロウみたいに湯気が立ってたもんねえ」

その高代をもってしても、中日のキャンプは壮絶だった。日が暮れたら練習は終わるはずが、北谷球場にある観覧車の照明が18時30分につくと、ボールが見えるほどに明るい。結果、夜の7時半頃までノックバットを握った。

打撃投手にも立つ高代チーフコーチは、アンダーシャツを選手並みに1日6、7枚持参し、連日使い切った。ナゴヤドーム（現・バンテリンドーム）のクリーニング店がキャンプの洗濯も一手に担ってくれたことが唯一の救いだったという。当時49歳、落合監督の「選手に夜間練習をする体力を残すな」という指令はまっとうしたが、実際にそんな体力は選手にもコーチにも残っていなかった。

ノック後は手が固まって字すら書けなかった

選手を全員見送った後、高代には日々仕事が残っていた。球場のバックネット裏にある小部屋で翌日以降のスケジュールをつくる。毎晩鉛筆を握った。キャンプイン前日ほどは悩まないものの、やはりうなる日もある。

「ノックが終わった後は、（手が固まって）準備運動しないと字が書けないんですよ。毎晩、球団のフロントの人が1人、僕が書き上げるまでずっと待っていた。スケジュールづくりは、たとえばレジの仕事をしている人はお金の計算が合わないと帰れない、そんな感じです。待たせてばかりでかわいそうなことをしたけれど、僕は手書きじゃないと頭に入らないもんでね。球団の人は出来上がったスケジュール表をパソコンに打ち込むために待機している。書くほうはずっと考えているけれど、待っているほうはずっと待っているだけになってしまうので、『コーヒーでも飲むか』って言ったら、『いや、大丈夫です、頑張ってください』と。『どっか行ってくれ、お前がおったら焦るから』言うて」

キャンプのスケジュール表は、広島のコーチ時代から書き始めた。当時は鉛筆ではなく、鉄筆で複写紙に書き込む、いわゆるガリ版だ。その後、1999~2001年の中日・星野仙一監督のもとで1軍守備走塁コーチを務めたときから鉛筆に持ち替えた。

「いい年になって筆箱、鉛筆、消しゴムを買うとは思わんかったです(笑)。50センチ定規も含めて、いつも鞄《かばん》に入れて持ち歩いとったから。鉛筆削りもいまだに持っていますよ。北谷のイオンモールで方眼紙を見つけたときは、『こんないいものがあるのか』と思ったね。最初の頃は白紙から自分でマス目をつくって書いていたから」

「できるもんならやってみな」

球場を出る時刻は夜9時頃。監督就任会見の10月8日、落合監督が「コーチ陣は全身全霊を傾けてくれるスタッフを揃《そろ》えたい。キャンプは相当厳しいものになる」と言ったとおりのキャンプだった。

「監督は、コーチがガチガチになるような雰囲気はつくらなかったですよ。やりやすいようにしてくれました。ただ、あるコーチが監督に『休みの日はゴルフをしていいんですか』って聞いたんですよ。そうしたら監督が『できるもんならやってみな』って言ったの。それだけきついぞ、という意味でもあり、野球に対する情熱、真剣に取り組む姿をコーチにも求めていたのだと思います。もしかしたら、それが一番の目的だったかもしれないね。ちょっと手を抜いているところを見つけたら、とことんです。『もうやらなくていい』『もう沖縄にいさせない』と言って、名古屋へ強制送還。練習させてもらえないことが一番きつい。だから、選手はみんな必死ですよ」

コーチたちも必死だった。打撃部門には石嶺和彦1軍打撃コーチが就任していた。現役時代、肝炎の治療をしながら試合に出場し続けたド根性の男。ロッテ・オリオンズ（現・千葉ロッテマリーンズ）時代の落合と打撃各部門のタイトル争いをしていた猛者だ。

「あの石嶺が言うんです。『高代さんも毎日ノックして大変だと思いますけど、打撃ケージを一日中ずーっと見てると、ケージの網のマス目がだんだん大きく見えてくるんです。立ってずーっと見ているのって、すごくきついですね』と。『そうやろ、オレ、ノックしとるほうがまだ楽かなと思うもん。お前ら、よう見とるなあ』言うたら、『だんだん、だんだん、大きくなっていくんです……』と。今の年齢では同じことはできないと思うけれど、いい経験させてもらったと思います。今、67歳になっても、（指導している）大学生にずっとバッピ（打撃投手）もするし、ノックも打ちますから。毎回、整体の治療には行くけどね（笑）』

アマ時代もとにかくしゃべらない

高代は前年までロッテのヘッドコーチを務めていた。2003年、中日の監督就任が決まっていた落合から直接電話がかかってきた。当時、ロッテの山本功児監督は高代にとって法大の3年先輩。最敬礼の先輩だったが、契約最終年となり退任が濃厚となっていた。落合監督はコーチ就任を要請する、その電話で「他球団を辞めてまで来なくてもいい」と明言してくれていた。巡り合わせでロッテを退団した高代は、中日のコーチに就任することに決めた。

「ほかに誰がコーチになるかはずっと知らなかった。監督にも聞かなかったしね。後でモリシゲ（森繁和）から直接電話があって、それで知ったぐらい。コーチ陣が決まってから新聞に監督の談話が載っていて、スタッフを決めたことで『オレの仕事は終わった』という内容が書いてあったんです。『これからちゃうんかな』と思いながらも、『これはしっかりしなきゃいけないってことだな』と。だから、自分で考えて何とかしなきゃいけないことがたくさんあるだろうなと思っていました」

落合監督は就任会見で、コーチの人選について「自分の手足になって、真剣に野球に取り組んでくれる人。選手の練習に最後まで付き合って教えてくれる人」を条件とした。一匹狼だった落合は派閥を持たない。就任初年の2004年にコーチに就任した高代、石嶺、森、そして翌2005年に加入する高柳秀樹（現・千葉商科大監督）の4人は落合と同じ1978年ドラフトの同期入団。そして、森と高代はアマチュア時代の落合を知っていた。

森は社会人野球の住友金属和歌山時代、当時開催されていた世界選手権日本代表に落合とともに選ばれている。高代は東芝時代、東洋大中退後に2年の空白を経て東芝府中に入ってきた落合と遭遇していた。

「最初に出会った場所は東芝のグラウンド。僕は（社会人野球に）2年間しかいなかったんだけど、東芝府中との定期戦で確か3～4試合対戦したかな。もう『何て打つ選手なんや！』と思っていたんですが、声を聞いたことがなかった。しゃべらないんですよ。（落合が）三塁を守っていても、ホントに声を出さない。で、バッターボックスに立ったらガンガン打つ。だから、最初はかなり年上の先輩やと思っていました。その後、生年月日が載っている紙を見ていたら『（昭和）28年生まれ？　オレと1つしか違わないの？　何でプロに行かんのかなあ』と思っていました。とにかくめちゃくちゃ打つんです。栃木の清原球場やったかな、社会人の関東大会があったんです。東芝府中が試合をしているときに、オレたちがウオームアップをしていたら、そこにボールが飛んできた。あとから聞いたら『落合さん、3本ホームラン打っていました』って。プロ入り後も、西武（現・埼玉西武ライオンズ）の秋山（幸二、現・野球解説者）が落合監督と本塁打王を争っている時期に、試合中に西武球場でアナウンスがあったんです。『他球場の経過ならびに結果をお知らせします。何対何でロッテの勝ち。本塁打は落合、41、42、43号』。サードで秋山がずっこけてた。とにかくライト方向に打つ打球がすごかった」

「お前が投げてくれたおかげで三冠王が獲れた」

落合監督から、お礼を言われたことがあるという。1983年のオールスターにパ・リーグ代表としてともに出場したときのこと。落合はこのシーズン、前半戦は打率2割8分、12本塁打、41打点で各部門のトップに立てずにいた。高代はオールスターの本塁打競争で落合の打撃投手を務めた。後半戦に入ると、天才打者は右肩上がりに調子を上げて三冠王に輝いた。

「僕の球、打ちやすいんですよ。コントロールだけは自信があった。監督があとになって『お前が投げてくれたおかげで三冠王が獲れた。きっかけをつかんで、あれから調子がよくなった。ありがとう』って言ってくれて」

高代は各球団で三塁コーチを務め、ストップ・ゴーの判断に長《た》けていることで知られる。本塁突入が失敗すると三塁コーチは得てして〝壊れた信号機〟と揶揄《やゆ》されてしまうが、高代はいわば〝神対応の信号機〟。2006年は中日の本塁死をわずか1にとどめ、2013年のワールドベースボールクラシック（WBC）台湾戦では、三塁を回った走者・糸井嘉男（現・野球解説者）をグラウンドにはいつくばって止めたこともある。

かつノックの名人でもあり、現役時代は遊撃手でダイヤモンドグラブ賞（現・ゴールデングラブ賞）を受賞した名手でもある。打撃投手を務めればきれいな回転とコントロールが評判で、広島のコーチ時代は金本知憲、野村謙二郎（ともに現・野球解説者）らに投げ続けた。野球における知恵の塊のような存在で、2021年末には、日本野球殿堂博物館が2022年度のエキスパート部門の殿堂入り候補者として発表した。

監督からマウンドに「行け」と言われて

長年の縁はある。それでも、驚くこともあった。落合監督は2004年、現有戦力を「10%底上げ」することで十分優勝できる、戦力補強はしないと明言し、実際に優勝した。2005年以降の戦力補強では、ウッズが2006年に本塁打王、西武からフリーエージェント（FA）移籍した和田一浩（現・中日1軍打撃コーチ）は中軸を打ち続け、育成枠で入団した中村紀洋（前・中日打撃コーチ）も2007年の日本シリーズでMVPを獲得した。「来た選手がことごとく活躍するんですよね」と振り返る。

「ほかにも、1年目（2004年）かな。普通、ベンチからマウンドには投手コーチが行くけれど、監督から『行け』と言われたんですよ。モリシゲに『何か伝えることある？』と聞いたら『頑張れよって』。慣れていないからマウンドまで長く感じてね。『やだなあ、みんなオレのほう見てるなあ』と思いながら行きました。選手たちに〝あれ？　何で？〟と思わせるのが仕事だったんだと思います。ちょっと違うところに意識を置いて、気持ちの切り替えをさせるために」

一番驚いた指令は「サインを出していい」と言われたことだった。

「もうだいぶ年月がたったので初めて言いますが、『オレはベンチにいるからできないけれど、現場の雰囲気は三塁コーチのお前が肌で感じることができる。お前が〝ここだ〟と思ったらサインを出してもいい』と言われたことがあった。でも、そんな出せるもんじゃない。ただ、横浜スタジアムで1回だけスクイズのサインを出しました。9回かな。日本最速を出していたクルーンが出てきて、スコアは5－5で1死三塁、バッターは谷繁（元信、現・野球解説者）やったんです。谷繁が初球のど真ん中より、ちょっと高めの真っすぐを思いっきり空振りしたんです。『あ、今や。また真っすぐが来る。スクイズや』と思った。谷繁はバントがうまいので、6－5で勝ちました。クルーンが呆然《ぼうぜん》としていましたね。その後、私の大学の先輩である関根潤三さんが『落合っていうのはいやらしいね、あんなところでスクイズなんて』と言ってきて……。『それ、僕です』とはよう言わんかったですよ。三塁コーチをやって30年たちましたけれど、それまで自分でサインは出したこともないし、出しちゃあかんと思っていたから、その1回だけです」

落合監督が自ら「いいよ」と許可したからこそ出したサインだったが、日本人の忖《そん》度《たく》文化では「いいよ」が本当は「ダメ」を意味するときもある。

「監督からは何も言われませんでした。試合後、すれ違ったときに頭だけ下げたら、ニコッと笑ってすっと歩いていった。2、3日たってから確認しました。『出していいって言いましたよね』と聞いたら、『うん、言ったよ』と答えてくれたから、ああよかったと思うて『これで最後にします』と言いました」

井端の併殺打に「ナイス・バッティング」

驚いたことはまだある。2004年5月11日のヤクルトスワローズ（現・東京ヤクルトスワローズ）戦（ナゴヤドーム）では、併殺打を放った井端弘和（現・侍ジャパン監督）が褒められたことがあった。無死満塁で三塁への併殺打。その間に1点は入れたものの、ゲッツー態勢の相手に併殺打はいかにも叱られそうなものだが、落合監督は試合後、「今日の収穫は、井端のサードゴロ（併殺打）」というコメントを残した。
「ベンチに帰ってきたら『ナイス・バッティング』だったんです。あのときはノーサイン。サインに関しては、就任して早い段階で『オレが監督としてサインを出すんだから、ノーサインもサインだからな。余計なことを考えずに、セーフティー（バント）なんかしてくれるなよ。〝打て〟なら打てなんだ』と方針を示していました。はっきり言ってくれるので、選手は動きやすいですよ」

井端は当時、走者がいる場合は右打ちを意識していたが、この一打で相手チームに「井端は引っ張ってくる場合もある」と、迷いの選択肢を与えることができたのだ。井端はこのシーズン、規定打席到達で初の打率3割をクリアした。

指揮官は試合中、ベンチ奥で微動だにせず、じっと座っていた。いつも同じ場所から選手の動きを見続ける落合監督は選手の癖、足さばきの衰え、打撃の成長、そのすべてを独自の観察眼をもって見極めていた。高代は相手選手の癖を見抜く名人と呼ばれたが、落合もまた達人だった。
「ミーティングはほとんどなかったけれど、試合中に話すことが実践的なミーティングみたいなもの。たとえば対戦相手のピッチャーの癖がわかって、これはもう使えるとなると、『このピッチャーがセットポジションの場合に、こうなったら絶対に前に行かない。けん制が来る』という話をしたり。必要なときに我々の前に立って話をする、という感じでした」

方針はブレない代わりに行動は本人に考えさせる

一度言葉にしたらブレない方針は〝部下〟にはわかりやすい。ただし、選手、コーチに求める水準も高かった。猛練習だけでなく、「自分で考えること」を要求していたフシもある。発する言葉は端的で、その言葉を実行するには個々人が自力で奥行きを考える必要があった。

「監督が求めている内容はこれで合っているんだろうか、と思ったことはあります。なので、よく自問自答していたんですよ。たとえば、『バッティングコーチ、今日は5点取ってくれな』と言ってスーッといなくなる。残されたほうは考えさせられる。『それはどういう意味ですか?』なんて聞き返せないですから。自分で考えて動かなきゃ、という気持ちでやっていました。ただ、自問自答して『どうしてもわからん!』となったら、監督の部屋まで行って『すみません、理解するのに苦しんでいます』と聞きに行きましたよ。自ら動かないと置いていかれるというより、放り出されるかもしれないという思いはありました。人をけなすことは絶対しなかったけれど、『お前、やらないんだったら、もういいよ』という判断はあった。だから、落合監督の1年目は、1点の重みがすごかった。そんなに何点も取れる打線じゃなかったですから」

高代は2008年まで中日、2014～2020年に阪神でコーチを務めたあと、2021年から大阪経済大学でコーチとして指導している。若者を鍛える楽しさもありつつ、落合監督が意図したであろう「自分で考える力」の必要性をより強く感じるようになった。

「落合監督は初志貫徹の人。言ったことはブレない。監督向きの人柄だと思います。そのなかで『責任を取るのはほかの人じゃない、自分だよ』という方針もはっきりしていた。だから、選手もコーチも、やるべきことをやらなければ外されていく雰囲気がありました。自分で考えて行動しないといけない。今、大学生を教えるなかで、あまりいいたとえではないけれど『タバコを持ってきて』と言ったとしたら、タバコだけ持ってくるような子が多いかなと思います。灰皿とライターも必要だな、とは考えないわけです」

言葉と裏腹に、2022年で68歳になる高代は笑顔で続けた。

「最近、『朝、高代さんの早出ノックを受けると、めっちゃテンションが上がる』と言っていた学生がいる、と聞きました。早朝やろ。オレは熱上がるわ、ホンマに。東京ほどじゃないけれど、早出ノックの時間は結構な通勤ラッシュになるんです。座るためには、もっと早く行かないとね」

(取材・文／丸井乙生)

証言③

「三冠王・落合」と「監督・落合」を知るレジェンド

山本昌

（元・中日ドラゴンズ投手）

やまもと・まさ●本名・山本昌広。1965年8月11日、神奈川県出身。日大藤沢高から83年ドラフト5位で中日ドラゴンズ入団。88年8月30日広島東洋カープ戦（ナゴヤ球場）でプロ初勝利。93、94、97年最多勝、93年最優秀防御率、94年沢村賞、97年最多奪三振のタイトル獲得。左投げ左打ち。

予言者

1987年、ロッテ・オリオンズから〝世紀のトレード〟で中日ドラゴンズへ。すでに3度の三冠王となっていた落合博満とプロ4年目の若手左腕・山本昌は出会った。

「今日はオレが打って勝たせてやる」——。

〝予言〟を実現していく天才打者には「野球の神様がついている」としか思えなかった。

50歳まで現役を続けた山本昌は、数々の史上最年長記録を塗り替えた。41歳1カ月でノーヒットノーランを達成。43歳0カ月で無四死球完投、45歳0カ月で完投および完投勝利、さらに完封をやってのけた。49歳0カ月では勝利かつ先発勝利、49歳11カ月で奪三振、50歳1カ月26日で出場、登板、先発の記録も樹立した。セ・リーグ育ちだけに49歳1カ月で打席に立ち、打撃の最年長出場記録もマークした。プロ野球のなかでも修羅場をくぐり抜けた偉人的存在だ。

プロ生活32年の左腕は落合博満の現役、監督時代の両方を知る。山本にとって、落合は〝予言者〟のような存在だった。

野球の神様に愛されている

プロ7年目の1990年に初の二桁勝利を挙げ、先発ローテーションの柱として臨んだ1991年。当時24歳の左腕は開幕カード3戦目を任されるなど開幕から3試合連続で好投を続けたが、勝ち星がつかない日々が続いていた。4月29日の阪神タイガース戦（ナゴヤ球場）当日、3月に日本人選手初の年俸調停を終えたばかりの落合が近づいてきた。

「開幕からいいピッチングをしても、なかなか勝てなかった。もう5月になりそうなのに、まだシーズン0勝。それでナゴヤ球場で先発するときに、試合前にふと落合さ

CHU NICH
34

んが来て、『今日、オレが打って勝たせてやる』と言ってくれたことがあるんですよ。『ありがとうございます』と返したんですが、その時点では半信半疑ですよ」

2－1で迎えた4回だった。4番・落合は相手の2番手・高村洋介の代わりばな、シュート回転で甘く入った直球を逃さずに満塁本塁打を放った。ほかにも、この日は先制を含む二塁打3本も放ち、4打数4安打6打点。山本昌は8安打1失点に抑えて完投でシーズン初勝利を挙げた。

「あの頃から有言実行の人だったと思いますね。目指すことを先に言って実行する。僕は野球の神様がついている人だと思っています。言ったことが本当になる。野球の神様に愛されているんです。いつも三冠王という言葉をすごくよく使っていましたし。バッターボックスに立ってくれたら僕らがあれだけ期待するのだから、相手チームはさぞかし嫌だったでしょうね。桁違いのバッティングでしたから」

1986年オフ、落合は〝世紀のトレード〟でロッテ・オリオンズ（現・千葉ロッテマリーンズ）から中日ドラゴンズに移籍した。ロッテは落合、中日は牛島和彦（現・野球解説者）、平沼定晴（現・中日用具担当）、桑田茂の3投手、そして上川誠二（元・ロッテ内野守備走塁コーチ）の野手1人という、異例となる1対4のトレードだ。1982年、1985年、1986年のパ・リーグ三冠王・落合の移籍は大きな話題となった。

落合は移籍初年の1987年、オープン戦で日本ハムファイターズ（現・北海道日本ハムファイターズ）と2連戦で対戦した。場所は老朽化により、この年で閉鎖された後楽園球場。中日は初戦の3月15日、先発・鈴木孝政（現・野球解説者）が3回でお役御免となり、4回の攻撃で落合がオープン戦第1号となる本塁打を放った。後楽園の内野から外野ポール際にかけて増設されていた観客席「ジャンボスタンド」まで届く超特大の一発だ。

4回から登板予定の山本は、打球を目撃していた。これが三冠王の打球――。その弾道と飛距離に、あっけにとられた。

落合のすごみはバットだけではなく、観察眼にも表れていた。

山本は先発の日、ルーティンを決めていた。練習メニューだけでなく、ホーム開催時はまず神社にお参り、洗車、勝った試合の日に着ていた服を着用、のちには無名だった自分を獲得してくれた高木時夫スカウトへの墓参りも加わった。球場入りする前にこれだけの決まりごとをこなし、練習後はスパイクとグラブを磨く。ビジターのときは先発3日前から、夜の食事でも街に繰り出すことはなく、宿舎にこもった。

試合前日まではあっけらかんとしていても、先発当日は周囲の人が話しかけられないほどの集中力で準備する。緊張感が高まると食事がとれないタイプだったが、カレーだけは食べることができた。試合前夜はカレー、当日のブランチもカレー。それが長年のルーティンになっていた。

1992年7月9日、北海道札幌市・円山球場での巨人とのデーゲーム先発当日を迎えた。練習を終えてビジター側の食事場所に行くと、落合がふと声をかけてきた。

「カレーあるか」

「なかったんですよ。そうしたら『お前、カレー食え』って、ホテルのケータリングの人に頼んでくれて、カレー1皿を車で持ってきてもらったんです。僕は昔から試合当日は食事が喉を通らない。でも、カレーは前の晩に食べておくと、翌朝もおいしいから食べられる。だからカレーなんです。（ビジターの）先発当日は朝食で皿1杯分のカレーを食べるのが習慣でした。このときは落合さんが手配してくれたので——試合1時間くらい前ですよ、カレー1皿を食べて、試合に臨んだ。そしたら完封したんです。『ほら言ったろ。お前は食べなきゃダメだ。そういうこと、ちゃんとやっとけ』と。ゲン担ぎをしてくれたんだと思います」

落合も現役時代はゲン担ぎをしていた。三冠王を取るために午前3時33分から自主トレを開始したことも。練習にもこだわり、打撃練習ではカーブ一辺倒で、投手側に正対する姿勢で球を待つ「正面打ち」を実施した。空振りすれば体に当たる危険もあるが、無駄のないバットの軌道とヘッドを遅れて出す感覚を体に覚えさせるために行っていたといわれる。現役時代は「天才」、そして「奇人」ともいわれたが、だからこその史上最多3度の三冠王だった。

　1994年、落合はできたばかりのフリーエージェント（FA）制度を利用して読売巨人軍へ移籍した。山本は、今度は敵として天才打者と対峙《たいじ》していく。移籍前、落合の対左投手の打率は3割1分1厘。移籍後初対戦となった4月19日のナゴヤ球場で完投勝利を挙げたが、落合には4号ソロを被弾した。なかなか三振が取れない相手から同年のオールスターでは3球三振を奪ったが、8月30日（東京ドーム）を最後に、山本は次の巨人戦白星まで2年を要した。

　1996年の6月8日（ナゴヤ球場）に11奪三振の完封。最後は落合を三振に仕留め、久々の巨人戦白星を挙げた。最終的に山本は巨人戦通算勝利で金田正一（国鉄スワローズ）、平松政次（大洋ホエールズ）に次ぐ歴代3位の43勝を挙げている。

　ナゴヤドーム（現・バンテリンドーム）開場で開幕投手を務めた1997年には、日本ハムへ移籍していた落合とオールスターで再戦。当時ヤクルトスワローズ（現・東京ヤクルトスワローズ）の古田敦也（現・野球解説者）とのバッテリーで三振を奪った。このシーズン、山本は最多勝、奪三振王のタイトルを獲得。落合は45歳を迎える翌1998年シーズンをもって現役を引退した。

〝生え抜き〟重用の中日で「FA離脱・落合監督就任」の衝撃

2003年オフ、その落合の監督就任が決まった。当時、山本は39歳になるシーズンで、すでに大ベテランの域に達していた。落合監督の就任は、当時の選手たちにとって青天の霹靂《へきれき》。2022年で言えば、かつて宇宙人と呼ばれた新庄剛志監督が日本ハムの指揮官になったほどのサプライズだったという。

「山田（久志、現・野球解説者）さんが監督を代わるとなったときに、僕らは練習しながら『誰だろう』と話していた。噂では谷沢（健一、同）さんとか鈴木孝政さんの名前が挙がっていて、〝落合さんみたいだぞ〟となったら、みんなびっくりしていましたね。中日をFAで出た人だったので。ドラゴンズは生え抜きの方が監督というイメージがすごくある。当時、立浪（和義、現・中日監督）とも話しましたが、チーム内がうろたえたという感じではなかった。落合さんは普通の方とは考えが違うので、『どんな野球をするんだろう』『変わったことをやるのかな』という雰囲気でした。僕らからすると、最近で言えば新庄（剛志）くんが監督になったみたいな感覚です。新庄くんみたいに派手なことをするわけではないけれど、『何をやるんだろう』『また突拍子もないことをやるんじゃないかな』という。僕は今までのドラゴンズの伝統的なことは、いいことも悪いことも含めて一度壊れて、新しい何かが始まるんだな、と思いました。今までどおりではないだろうなというのは、みんな思っていましたよ」

落合がゲスト解説として行った日本シリーズの優勝予想にも驚いたことがある。

「阪神がリーグ優勝した2003年の日本シリーズについて勝敗予想をしたときに、落合さんだけが『ホームゲームのチームがそれぞれ全部勝って、福岡ダイエーホークス（現・福岡ソフトバンクホークス）が優勝する』ってぶち上げたんですよ。『ホームゲームのチームが全部勝つ』というのは突拍子もない予想じゃないですか。それを聞いたときは『簡単だな、本当に考えたのかな』なんて思っていたんですが、本当にそうなった。適当に言ったように聞こえるけれど、言うことが当たる。『どんなことを考えて、それを口にしたのか』と思いましたね」

2003年10月8日、愛知県名古屋市内で監督就任会見が行われた。その席上で指揮官が口にしたチーム方針にも度肝を抜かれた。落合監督は各選手の力を10％底上げすれば優勝できるとして、新外国人選手、トレードでの戦力補強に頼らない意向を示した。

「『補強しなくても、戦力を底上げすれば十分優勝できる』と聞いたときも、『ぶち上げたなあ』みたいな話を選手同士でしていました。優勝したいじゃないですか。だから、『補強しないの？』みたいな疑問はありました。さらに、10％底上げすれば優勝するよ、という言葉を聞いて、『これまた、ぶち上げたな』というのが当時の僕らの気持ちですね」

11月の秋季キャンプ（沖縄・北谷《ちゃたん》）から落合色がチームに反映されていった。野手では森野将彦（現・中日2軍打撃コーチ）にノックの雨あられ。打撃練習のティー打撃では試合中に斜めの方向から球が来ることはあり得ないという理由でトスをやめ、スタンドに置いた球を打たせるなど、次々と新たなメニューが実施された。

さらに2004年の春季キャンプ（沖縄・北谷）では1、2軍をあえて振り分けず、キャンプイン初日の2月1日から紅白戦を行うなど画期的な方針を打ち出した。練習メニューはより濃密となり、とくに野手にとっては地獄のキャンプの様相を呈していた。

2日間の紅白戦後は、山本、立浪和義（現・中日監督）、川相昌弘（現・巨人1軍内野守備コーチ）、リナレス（現・中日巡回コーチ兼通訳兼キューバ担当）ら実績あるベテラン勢を、2軍キャンプ地として使用されていた読谷村《よみたんそん》での別動隊に振り分けた。自力で調整できるという信頼を示したものだったが、その内容もまた独特だった。

「練習メニューを白紙にしてくれたんですよ。その次の年も、本来は1軍だけどキャンプは2軍でスタートしたメンバーについては、『お前ら、好きにキャンプやれ』と。本当にメニューに何も書いていないので、それを見たときは『……いいのかな』と思いましたけれど、任せてもらっているからこそ、しっかりやらなきゃという気持ちになりました。そのへんも含めてすごい人ですよ」

40歳の山本昌が落合監督に〝お願い〟

２００４年は１９９９年以来5年ぶりのリーグ優勝を飾った。山本も3年ぶりの二桁勝利となる13勝を挙げ、川上憲伸（現・野球解説者）とともに左右両輪のエースとして活躍。西武ライオンズ（現・埼玉西武ライオンズ）との日本シリーズは第2、6戦に先発し、いずれも松坂大輔と投げ合った。チームは第7戦で敗れて日本一は逃したが、オフの契約更改で年俸は2億円（金額は推定）の大台に達した。

「本当に優勝しましたよね。『ぶち上げたな』と思っていたのに、『本当に勝っちゃったよ！』という。予言者的なところでは、翌２００５年だったかな。試合中、マウンドに落合さんが来たんですよ。『あれ、珍しく監督が来た』と思ったら、『お前、ここで打たれたら今年、優勝できねえぞ』と言われたことがあって。リードしている場面で、しかもまだ5月なんですよ。『えっ？』と思っていたら、次の打者に打たれて結局その試合は負けた。シーズンは結果、3位でした。シーズンが終わって『ほらな』と言われたことがあります。冗談っぽく『本当にすみませんでした』って返したんですけど、そんなところも予言者的ですよね。一つ先が見えているのかな……」

次々と実現する落合監督の「予言」――。当時40歳となっていた山本は、落合監督にあることを願い出てみた。

「落合さんが言ったことは、いいことも悪いことも現実になると思って、ご本人に冗談っぽくお願いしたことがあるんです。『監督、あんまり変なことを言うと、本当になるのでやめてください』って。そうしたら、落合さんが担当記者たちに『オレがしゃべると本当になるらしいから、オレはしゃべらん』『しゃべらないぞーっ』『文句は昌（山本）に言え』と言ったらしくて、全部僕のせいにされていました（笑）。記者から『監督が言っていましたけど……』ときましたよ。いや、確かに僕は言いましたけれど、そう返されるとは思わないよね（笑）」

秋季キャンプの相撲対決は「つり出し」で2戦2勝

山本は1983年ドラフト5位で入団し、1986年にプロ初登板を果たしたが、プロ4年目まで未勝利。そろそろ首が寒くなってくるプロ5年目の1988年、中日は春季キャンプでアメリカへ渡った。二次キャンプ地のフロリダ州ベロビーチで、当時の星野仙一監督から野球留学として、ドジャース傘下の1Aチームに合流するように命じられた。いきなり異国の地で1年間居残り修業を、しかも現地で言い渡されるという大胆すぎる指令だった。

ドジャースのオーナー補佐だったアイク生原（生原昭宏）氏がさまざまな選手と引

き合わせてくれるなかで、のちに伝家の宝刀となるスクリューボールを習得した。実戦で結果を出したことで帰国命令が出て1軍に合流すると、1988年8月30日の広島東洋カープ戦（ナゴヤ球場）から5連勝。6年ぶり4度目のリーグ優勝に貢献し、西武との日本シリーズでは第3戦に先発するまでに大出世した。

山本がアメリカから帰国した1988年、落合は中日2年目。いずれもリーグ2位となる32本塁打、95打点を挙げたシーズンだった。

「僕が（マウンドで）苦しんでいるときに、ふらっと来てくれるのが落合さんでした。後ろに手を組んでファーストからつかつか歩いてきて、ぼそっと言う。『ここを頑張らないと勝てないぞ』とか試合展開についての一言なんですけれど、間を取ってもらうのに本当によかったというのはありますね」

マウンドで会話する以前のこと。最初の遭遇は、野球ではなく「相撲」だった。1987年の秋季キャンプ。選手同士の遊びとして相撲が行われていた。投手陣の〝横綱〟は1982年に16勝を挙げていた左腕・都裕次郎、野手では落合だったという。そんなとき、周囲から「山本が強い」という声が上がり、落合との「取組」が決まった。

「休憩時間に誰かが『相撲の強いヤツいるか』とみんなに聞いて、周りが『山本』と言ったんです。僕はまだ落合さんに名前も知られていない頃、無名のぺーぺーでした。そこで、落合さんが『若い選手とやろうか』、となったんです」

いざ始めると互いに譲らず、大相撲なら水入りになりそうなほど数分間にわたる熱戦に突入した。当時、山本の年俸は300万円台。落合は前年ロッテからのトレード移籍時に日本人選手初の年俸1億円を突破していた。1億円プレーヤーにケガをさせるわけにいかない。山本は考えた。ケガをさせない安全な技で決めよう。

「つり出しで落合さんに勝ちまして。次の日も『お前、もう1回やるぞ』と言われて、またつり出しで勝ったんですすけど（笑）」

山本は落合にピアノバーに連れていかれたこともある。

「1990年くらいかなあ。僕がふらっとトレーナー室に入っていったら、落合さんがマッサージを受けていて『昌、お前、暇か』と突然、声をかけられた。暇ですと答えると『付き合え』と。どこに行くのかなと思いながら、マッサージが終わるのをずっと待っていました。そうしたら、歌を歌いに行ったんですよ。カラオケでもなくスナックでもなく、バーですね。落合さん、ピアノの伴奏で歌ったんです。落合さんはレコードも出すくらい歌がうまい。そうしたら『お前、ちょっと歌ってみろ』と。やんわり断ったんですが『いいから歌え』となって僕もピアノで歌わされました。僕もカラオケは下手なほうじゃないんですけど、ピアノで歌ったことはなかったので……。するすると、『ピアノのときはこう歌うんだ』とコツを教えてもらったんですが、落合さんは上手だったですよ。3曲くらい披露していただきました」

後半で競う展開になったら負けなかった

落合監督政権下の8年間で、リーグ優勝4回（2004、2006、2010、2011年）、日本一1回（2007年）。中日が無類の強さを誇った黄金期でもある。

「後半で競う展開になったら、負けなかったですから。その流れをつくったのが監督。それだけの駒がいたのか、駒を使ったのか。セ・リーグ最低打率で優勝でしょう。これもまたすごいですよ。今思えば、落合さんの時期のドラゴンズは突出した成績だったな……」

リーグ優勝したシーズンの投手チーム成績では、2004年が防御率と完封勝利数がリーグトップ。2006年はその2つに加え、セーブ数、完投数もリーグ1位だ。2010年からは2年連続で、その4部門においてトップだった。打撃では2004年のチーム本塁打数は、リーグトップの巨人259本の半分以下となるリーグワーストの111本。2008年、2011年はチーム打率がリーグワースト。投高打低のチームで、守り勝つ野球を実践した。

「周りのコーチもよかったと思います。森（繁和、現・野球解説者）さんが全部ちゃんと目配り、気配りしてくれていたので、ピッチャー陣の間で混乱や問題が起きたことは一回もないですから。森さんを見いだした落合さんの目の鋭さですよね。僕は森さんのおかげですごく助かりました。森さんは裏表がない人なんです。打たれたとき、ピッチャーは責任を感じるわけですよ。だけど、森さんは次の日もまったく同じように接してくれる。ピッチングコーチが若い投手に『お前さあ……』と始める、ありがちな声掛けは100％ありませんでした。『もういいから、次で頑張れ』みたいな切り替えの早さ。いつもどおりに接してくれたことは助かりました。守りも強かったですし、今考えてもいいチームだったな。あのチームをつくったこと自体がすごいと思いますけどね。本当に強かったと思います」

「1－0」でなければ山井は続投したはず

2007年の日本シリーズ第5戦、先発・山井大介（現・中日1軍投手コーチ）がパーフェクトに抑えるなか、9回に守護神・岩瀬と交代させたリレーが物議を醸した。山本は試合中、マメがつぶれた山井の指を目視している。

「山井の指の皮がペロッとめくれていたことも知っていました。6回かな。あいつが1度着替えに来たときにユニホームに血がついていたので、『大丈夫か』『よく投げてんな』みたいなことを話したんです。だから、僕は〝やっぱ代えるよな〟と思いましたし、あれは山井が『代わります』と言ったので。（山井が）『投げたかった』というのは、〝そういう気持ちはあったけど〟という、また別の話。おそらく3－0か4－0

でリードしていたら、山井は『行きます』と言ったはずです。でもスコアは1－0。パーフェクトはやっているけれど、指の状態があって、次に岩瀬（仁紀）さんがいる、負けたらまた北海道に行って、連敗したらまた日本一がなくなる……。状況をすべて考えたうえで、（当時の森1軍投手コーチに）聞かれたときに『代わります』と言ったと思うんです。1－0じゃなかったら物議を醸さなかった。それも落合さんらしくていいんじゃないんですか。そういう〝伝説〟を残すという意味で」

もしかしたら、落合監督だったからこそ〝非情采配〟と映ったのかもしれない。

「当時の選手は〝代えない〟なんて思ってないし、何とも思っていなかったです。普段から落合さんの野球を知っているから。勝つためにすべてやっている、ということを。山井が完全試合をやっているなかで、岩瀬は『落合監督ならあり得る。僕に来る可能性はある』と思っていたと言うんだから。僕ら選手が（まさかのことが）『あるかもね』と思うということは、ほかのチームは『何をやってくるんだろう』と不安になって、よっぽどかき回されたんじゃないかな。そうすると、僕らは準備の仕方がうまくなる。あるかもしれないから準備しなきゃって。そういう『考えさせる』ということでもあったのかもしれませんね」

山本は記録をつくり続けた。プロ21年目の2006年には、9月9日の広島戦（広島市民球場）で通算2000奪三振、同16日の阪神戦（ナゴヤドーム）では史上73人目のノーヒットノーランを史上最年長となる41歳1カ月で達成した。

43歳を迎える2008年には、5月14日のヤクルト戦（神宮）で通算3000投球回を達成したほか、8月4日には巨人戦（ナゴヤドーム）の完投勝利でプロ野球史上24人目、球団では杉下茂以来51年ぶり、かつ史上最年長42歳11カ月で通算200勝をマークした。さらに、11勝を挙げ、史上最年長の二桁勝利も飾った。

2009年には22年連続勝利を記録したが、その勝利が一時お預けとなった試合後、落合監督が「青い」とコメントを残している。なかなかそう言われなくなる40代半ば、これもまた45歳まで現役を続けた落合監督ならではともいえる。

2010年には9月4日の巨人戦（ナゴヤドーム）で完封勝利を挙げ、45歳0カ月で完投、完投勝利、完封の最年長記録3つを一気に樹立した。落合監督の最終年となる2011年は、現役最年長投手となっていた。

2013年秋、落合は中日のGMに就任する。プロ30年目の山本は48歳になっていた。投げるたびに自身の史上最年長記録を更新していたが、契約更改で年俸は6000万円から4000万円（金額は推定）に引き下げられた。そして、〝最後の予言〟を受ける。

「すごく給料を下げられました。でも、契約を2年にしてくれたんです。『50歳までやれ』と。『2年契約にするから50歳までやれ。50までやった意味は（現役を）辞めたらわかる』と言われたんです。実際に50歳までやったことで勲章もついてきたし、殿堂入りをさせていただいたのも、おそらく50歳までやったことが評価されたと思うので、先見の明があるなあと」

史上最年長記録は勝利、先発勝利が２０１４年。そして奪三振は２０１５年に樹立した。同年9月に現役引退を発表し、10月7日の広島戦（マツダスタジアム）では50歳1カ月。当時広島の丸佳浩（現・巨人）を二ゴロに打ち取って、現役最後の日に登板・出場・先発の最年長記録を更新した。プロ32年間で通算５８１試合２１９勝１６５敗５セーブ、防御率３・45。２０２２年1月には、野球殿堂入りを果たした。

「落合さんだったから、僕は長く現役をできたんじゃないかな。だって、使ってくれたんだから。そのなかで、一つ恩返しできたかなと思った試合があるんです」

実績あるベテラン重用記録は監督のおかげ

２００６年9月30日の阪神戦（甲子園）。中日は首位を走っていたが、2位・阪神が9連勝で2ゲーム差に詰め寄ってきた。

「3連戦の初戦は川上（憲伸）で負けた。僕は阪神に前回の天王山でノーヒットノーラン（9月16日）をしていたので、2戦目に僕が先発したときは甲子園全体が殺気立っていた。選手は気合が入っているし、ファンも満員。今度こそやっつけてやるみたいな感じでしたね」

異様なムードの敵地で、山本は8回1失点。40代では史上4人目の二桁勝利を挙げ、負ければ1ゲーム差となるところを逆に3ゲーム差に突き放した。チームはそのまま突っ走り、落合政権で2度目のリーグ優勝を飾っている。

「あの試合のとき、監督付広報さんが『監督、昨日寝てないんだよな』と言ったんです。いつもドンと構えているけど、そこは苦しかったんだろうなと。その話を聞いてよかったと思いましたよ。僕のなかでは人生のベストゲーム。あの雰囲気をはね返して、よく阪神を止めたなと思います。負けていたら、どうなっていたかわからない。そう考えると、一つ恩返しできたかなと思っています」

（取材・文／丸井乙生）

証言④

打撃コーチとして見続けた「落合理論」の神髄

石嶺和彦

（元・中日ドラゴンズ打撃コーチ）

いしみね・かずひこ●1961年1月10日、沖縄県出身。豊見城高2年春から4季連続甲子園出場。78年ドラフト2位で阪急ブレーブス（現オリックス・バファローズ）入団。左膝故障で捕手から野手転向。94年阪神タイガース移籍。96年現役引退。通算1566試合、打率2割7分3厘、269本塁打、875打点。右投げ右打ち。

ブレない男

落合監督は2003年オフ、組閣を発表した。

コーチ陣は人間関係ではなく、実力と誠実さが重視されていた。

落合監督と同じ方向性の打撃理論、同じく猛練習で技術を勝ち得た元スラッガーは、同郷でも同窓でもない。同じ球団に所属したこともない。石嶺和彦にとって、2004年の中日ドラゴンズのコーチ就任は青天の霹靂《へきれき》だった。

2003年10月9日、電話が鳴った。その主は中日・落合博満監督。監督就任会見が行われた翌日だった。

「突然ですよね。もちろん事前に（前触れも）なかったですし。電話に女房が出て『落合さんという人から電話』と言われたんですよ。『どこの落合さんかな？』と思ったくらいでした。その前の日、偶然にも中日の関係者から電話があったんですよ。昔、阪急（ブレーブス、現・オリックス・バファローズ）で一緒にやっていた方で、冗談で『中日からコーチの話があったりして』なんてしゃべっていたら、翌日の朝イチで落合さんから電話がかかってきた。実は当時、オリックス（当時ブルーウェーブ、現・バファローズ）からもコーチの話をいただいていたんです。そういった時期に落合さんから『まだ最終的な段階ではないけれど（中日の）オーナーにも報告はしているから、ちょっと考えてくれないか』というお話をいただきました」

オリックスからのオファーは内容が具体化しておらず、まだ決定には至っていなかったという。一方、落合監督からは年俸などについて早速提示があり、中日入りを決断した。

「教えすぎるなよ」とだけ言われました

2003年11月、秋季キャンプ（沖縄・北谷《ちゃたん》）がスタート。石嶺は現役時代、パ・リーグの試合で顔を合わせることはあっても、落合と会話をしたことはほとんどなかった。

「秋季キャンプがスタートするにあたって、細かいことはそんなにたくさん言われなかったのですが、『教えすぎるなよ』とは言われました。必要以上に教えてはいけない、ということですよね」

落合には苦い経験がある。1979年のロッテ・オリオンズ（現・千葉ロッテマリーンズ）入団初年、〝教え魔〟と呼ばれた山内一弘が監督だった。山内監督は現役時代、首位打者1回、本塁打王2回、打点王4回という実績を誇る。NPB史上2人目の2000安打達成者であり、異名は「打撃の職人」。教えだすといつの間にか他球団の選手にまで指導をするため、国民的なお菓子のキャッチフレーズ「やめられない、とまらない」という意味で「かっぱえびせん」とも呼ばれた。熱心な指導者で、当然自分の打撃理論を持っていた。

落合は長打力を買われてドラフト3位指名を受けた。その飛距離を縮めるような指導をすべて聞き入れるわけにはいかなかった。選手の長所、大成する芽をつぶしてくれるな――。「教えすぎるなよ」には、そんな教訓がこめられていたのかもしれない。

落合監督時代の中日には猛練習が浸透していた。キャンプに限らず、シーズン中でも試合後にマシン打撃や練習は当たり前だった。落合自身も現役時代、練習は嫌いだと言いながらも、人目につかないところで独自の猛特訓を行ったといわれる。嫌いではあるが、やるべきことはやる。そして、必要なことはすべてやり尽くした。

「とにかく練習。秋季キャンプも、翌年の春季キャンプもそうでした。バッターはバットを振る、打つ。そこからですよね。私も長年現役でやってきましたけれども、あれだけ長いキャンプはどこもやってなかったんじゃないですか。あの8年間が最高でしたね。打つことに関しては日が暮れるまで、ボールが見えなくなるまでグラウンドにおりましたから。2月1日、2日の紅白戦にしても、プロ野球のキャンプスタートで紅白戦をするのは史上初じゃないですかね。私としては（聞いたときは）秋のキャンプがとにかく練習をしっかりやるという方針だったので、春に関しては『それもありかな』というぐらいで。むちゃでしょう、という気持ちはなかったですね」

落合政権下で代名詞となった「猛練習」。石嶺が違和感なく受け入れた理由は、自身もそうやって成長してきたからだった。沖縄・豊見城高校時代は名将・栽弘義監督に厳しく指導され、阪急では当時の上田利治監督のもと猛特訓を受けた。1986年に指名打者としてレギュラーの座を固めたが、そのオフには肝炎を発症し、翌1987

年は連日点滴を打ちながら打率3割1分7厘、34本塁打で当時キャリアハイの成績を収めた。

「年中打っておく、みたいなものです。やはり振ることによってスタミナもつきますし、まず数を振らなければ、打たなければ気づかないことがあります。そこは徹底していました。理屈ではみんなわかるんですよ。だけども、実際に試合になると理屈じゃなく、体が反応するかどうか。それには、条件反射的にとにかく体で覚えるしかない部分が大きいですからね」

1993年には落合とともにFA宣言

過去に落合と接点があったとすれば、ほんのわずかだった。落合は現役の中日時代、1990年オフに日本人選手として初めて年俸調停を申し立てた。翌年には、副会長まで務めた労組・選手会を脱会までしている。40歳を迎える1993年オフには、できたばかりのフリーエージェント（FA）制度を利用して読売巨人軍に移籍した。野球を職業とし、自分の希望がかなう権利が整備されているなら、なぜ使わないのか。落合は誰に遠慮することもなく、わが道を切り開いてきた。

「ブルーサンダー打線」の中核を担った石嶺も1993年オフ、FA権を行使した一人だ。1990年に打点王を獲得するなどパ・リーグを代表する選手となっていた。

東京・内幸町のコミッショナー事務局にそれぞれ申請を行うと、落合と石嶺は期せずして同日、同事務局から公示された。当時33歳の石嶺はオリックスから阪神タイガースへ移籍し、のちに1500試合出場を達成している。

現在では行使されることも日常となったFA移籍だが、当時は〝裏切り者〟のイメージが強く、躊躇《ちゅうちょ》する選手も多かった。その風潮にあって、FA権行使を決断した石嶺もまた、落合と同様に信念の人だった。

「評論家のみなさんに（中日の落合政権時代は）『大変だったろう』と言われましたが、何が大変なのかな。要は落合さんのイメージでみんな考えるんじゃないですか？　いろんな気苦労があるんじゃないか、みたいに聞かれるので、『いや、全然そんなことないですよ』と返していましたけどね。だって、落合さんが言っていることは〝ごもっとも〟なんですよ。理不尽なことがない。世の中、自分では『何で？』と思いながらも、人の言うことをあれこれ聞かなきゃいけないこともありますが、落合さんはもっともなことしか言わないから、『何で？』にならない。逆に、疲れないですよ」

現役時代に会話を交わしたのは、1回だけだったと記憶している。石嶺が指名打者の座を盤石なものとした1986年のことだ。このシーズン、石嶺は4月29日のロッテ戦から7月25日ロッテ戦にかけて、当時プロ野球最長記録の56試合連続出塁を記録。シーズンでは当時自己最多の33本塁打を放ち、打率3割をマークした。

西宮球場の外野で試合前練習をしていると、ウオーミングアップ中の落合が話しかけてきた。石嶺は驚いた。

「外野のほうで打球を追いかけたりしていたんですね。ロッテがアップの途中みたいなとき。だから、立ち止まって長く話した、という感じではないんですけどね。私はどちらかといえば左ピッチャーが好きだったもんで、左ピッチャーとの対戦で結果を出していたんですよ。そんなこんなで、まさかまさかですけれども、そのとき、落合さんから『左はどうやって打つんだ』みたいなことを聞かれたんです。そんな恐れ多くて返事もできませんでした。ただただ『えっ』『ええ、ええ』って言うだけですよね。当時、技術に対して深い考え方を持っていなかったですし、本当にびっくりしましたから。すれ違いざまに一瞬、みたいな感じだったので、その後がどうだったかと言えば、何もなかったです」

石嶺も1985～1987年に3年連続打率3割、1990年には打点王、本塁打では1986年から2年連続30本と、同じパ・リーグでトップレベルの成績を残した選手だった。とはいえ、落合は学年で言えば7年上で、話しかけられた1986年は2年連続三冠王に輝いたシーズン。まさか、その三冠王のほうから話しかけられるとは想像もしていなかった。

落合の打撃理論を理解できた貴重な存在

一瞬しか交わることがなかった二人だが、落合監督がコーチ就任を要請した理由は、自分の打撃理論を理解できると考えていたからだという。石嶺は現役時代、天才的な内角打ちで鳴らした。くるりと回転する美しいフォームもさることながら、力みなく、ボールに対して最短距離で出していくスイング軌道には共通するところがあった。

「バッティングスタイルというか、技術的にというか、自分で言うのもおこがましいんですけども、大きなギャップはないと思うんです。結果は全然違いますけどね。そういった意味で、選手にアドバイスもしやすかった。だから、難しいと思うことは意外となかったんです。もちろん、試合において打線として結果が出なかったり、攻略できなかったりすると、そのプレッシャーはありました。1対1でバッティングの話をしたことはないですよ。選手について話すことはあっても、監督と打撃論みたいなことはしたことがないです。ただ、監督がたまに選手に対して言っていることを聞いていて、『ああ、そうだよな』と思いましたね」

落合監督は主力選手の調子が悪いとき、遠征先のホテルの部屋でスイングを直接見て指導、アドバイスしていたという。そこには石嶺を必ず同席させていた。

「遠征先でも部屋でスイングをさせるんです。監督が選手を呼んだときは、必ず私のことも一緒に呼んでくれました。『普段からバッティングコーチが見ているわけだから』と。そうすると、監督の意図がこちらもわかりますし、こっちも『なるほどな』という部分も大きかった。ありがたかったですよ。8年間一緒にいたなかでブレることが一切ない人ですから、選手にも（アドバイスを）伝えやすかったです。落合さんは一から十までずっとつきっきりで教えることはあまりしませんけれど、要所、要所で行く。きっと、ある程度の段階まできたら、これはワンポイントで（指導に）行っておかなきゃいけないな、というタイミングがあると思うんです。そのタイミングにおいても、やっぱり落合さん独特の〝間〟というのがあるのでしょうね」

唯一、困ったことがあるとしたら、ベンチで落合監督の声が小さかったことぐらいだという。

「アドバイスや指示出しで僕らコーチに話しかけてきたとき、声が小さくて実は聞き取りづらかったことはありました。でも、『ええ、ええ』と相づちばかり打っていられないじゃないですか。だから、耳を近づけて全集中して聞いていましたよ。『監督、聞こえないので、もっと大きな声で言ってもらえますか』なんて言えないでしょう」

「結果はいいから、積極的にいけ」

落合監督の方針は選手にとってやりやすい環境をもたらした、と石嶺はみている。

「監督として8年間言い続けたことは『1イニングを3球で終わってもいい』。全部初球を打ってもいい、（相手投手の）球数が少ない試合で負けてもいいと。若い選手が積極的になれるようにという思いもあるだろうし、変に考えすぎて体が動かなくなるよりも、という考えもあったと思うんですよ。ただ、落合さんが選手として自分で打席に立ったら、絶対にそういうことはしませんからね。でも、チームの方針としては『とにかく積極的に打たせよう』と考えた。8年間、最初から最後までずっとそう言ってくれましたから、僕らも若い選手が出てきたときはアドバイスしやすい。『結果はいいから、とにかく初球から打つつもりで、積極的にいけ』と言えますから」

「打者・落合」として実践していた最大のアドバイスは、「低めは捨てろ」。低めには手を出さず、悠々と見逃す姿は相手バッテリーに不気味さと謎を残し続けた。

「8年間ずっと言い続けたことの一つに、『ボール球に手を出しすぎず、ストライクゾーンを上げなさい』というのもありました。いいピッチャーは出し入れがうまいですから、バッターはどうしてもボール球に手を出して凡打する。点が入らないときは『低めは捨てろ』でした。どんなバッターでも、結局は一緒なんです。打っているバッターは、ストライクを打つから打率が上がるんですよ。ボール球に手を出すバッターは確率が悪くなりますし、1つのボール球が『ボール』と判定されるのか、ボール球に手を出して『ストライク』と判定されるのか、次の配球も全然変わってきますからね。

たかが1球かもしれないけれど、ボール球を見逃すことによって、より打ちやすいボールが来るでしょうし。その代わり、高めはいくらでも打てと言っていましたから。『低めがダメなら、高めはクソボールでも別に構わないから打て』という形ではっきり言ってくれました」

落合監督の言葉には、曖昧さがない。「やれ」と言ったらどこまでも「やれ」。指示としては明瞭そのものだ。

「わかりやすいですね。たとえば、若い選手たちでも初球を絞って打った結果、全然タイミングが合わずにアウトになったとしても、そこから自分で学べばいい。『何で初球を打った？』なんてことは一切言いませんから、選手は救われますよね。自分で『あ、しまった、言われるんじゃないかな』と思っているところを、ベンチの方針で『積極的に打って構わない』としているわけですから。あとは選手本人がどうやって打ちにいけばいいか、勝手に学びますからね」

グラウンド以外での強制は何もなかった

落合監督が指揮を執った8年間のうち、チームはリーグ優勝4度、日本シリーズ進出5度、うち日本一1度、そしてすべてAクラス入り。選手たちの実力アップに伴い、各選手の年俸も総じて上がった。

「最高じゃないですか。個人競技といえども、会社側からすればチームが優勝してほしいなかで、何度も優勝しましたから。タイトルを獲れなくても、選手の給料はどんどん上がった。選手にとって一番いい監督は使ってくれて、たくさん給料を出してくれること。そうしたら頑張れるんですよね。だから、ちょっと〝中日バブル〟みたいな時期がありました。ほとんどの選手の年俸が上がったんじゃないですか。初年度からそうですし、当時でしたら荒木雅博（前・中日1軍内野守備走塁コーチ）、井端弘和（現・侍ジャパン監督）にしたって、最初はまだまだ（年俸）何千万円の選手でしたけれど、8年後には何億円の選手になりましたからね。外国人選手にしてもそうですし。誰がとくに、ではなくて、すべてに影響はあったと思います」

プロ野球各球団にありがちな罰金制度もなかった。キャンプ中に門限はとくに設けず、私生活には立ち入らなかった。「仕事」において役割を果たせば自由だった。

「いつも野球の話をしているから、キャンプ中など食事のときは雑談のほうが多かったですよ。落合さんは映画が好きですし、いろんなことをよく知ってます。その代わり、気になったら知らなければ気が済まないんでしょうね。『あれは何て名前だったかな』みたいな話になると、みんなで何だっけ、何だっけとやっていました。それと『食事が済んだら、別に先にあがっていいよ』というスタンスだったので、監督が食べていても『じゃあ、お先です』『わかった』という感じで、その後それでどうのこうのはない。野球に対する厳しさはありますけれど、グラウンド以外で何かを強制されることはなかったです。そういう意味では楽でしたよ」

落合監督は口が重いことで当時の担当記者は苦戦を余儀なくされたが、言葉を発すれば一つひとつが深かった。それは選手を守るためでもあったという。

「8年間、マスコミを通して選手を怒ったことは一回もない。8年間で選手がミスしようが、不注意でケガしようが、マスコミを通しての選手批判は一回もしていない。選手からしたら一番の救いになるんですよ。『ああ、やってしまった』というときは、本人が一番ダメージを受けていますから。監督は表で一切言わずに選手を守った人だと思います。マスコミに対してもそうですし。本当だったら、大事なところで打てなかった、ミスした、打たれたとなれば……トップとして、あのときこうだったら勝てたのに、と普通の人間だと言いたくなるんでしょうけれど、絶対に言わないですからね。コーチとも、どうやったらあの選手を生かせるかという方向の話はしても、これがダメ、あれがダメということは非常に少なかったですね」

時間については絶対に妥協しない

ただし、野球には妥協しない。打撃と猛練習に関して落合監督と〝共通言語〟を持つ石嶺であっても、肝を冷やしたことがあった。

「とにかく妥協はしなかったですね。秋にナゴヤ球場で練習をしたとき、落合監督から特定の選手を『1時間打たせてこい』と言われたんです。当時、その場に宇野さん（勝、当時・1軍打撃コーチ、現・野球解説者）もいた。それで、練習が多少早く終わって、みんなでボールを集めたりしていたんです。そうしたら監督が戻ってきた。すれ違ったときに、監督がパッと時計を見たんです。ちょうど監督に『打たせてこい』と言われてから1時間たったところでした。時計を見た理由は、私が勝手に思っているだけかもしれませんが、おそらく『1時間打たせろと伝えたのに、やっていないということは聞いてないってことだな、何で勝手に早く終わってあがるんだ』ということを確認するために見たのではないかと。もし、もっと早く切り上げていたら、こちらがいくら『以後、気をつけます』と言ったところで、そういうことをするヤツだという評価は変わらない。監督は『これだけやらせろ』という時間について妥協はしなかった。やるべきことに関して『まあ、いいか』は絶対ない。あとで宇野さんと顔を合わせたときに、二人で『ああ～』とため息をつきました」

2007年の日本シリーズ第5戦で完全試合ペースだった先発・山井大介（現・中日1軍投手コーチ）から、9回に岩瀬仁紀（現・野球解説者）にスイッチしたときも、石嶺には違和感がなかった。

「あれもベンチでは特別、『えっ』とは誰一人言っていないですよ。もっともな選択で、そりゃそうでしょうと思っていました。ベンチからすれば、今までのパターンからすると岩瀬だよなというところ。だから、交代を驚くんじゃなくて、3人で抑えた岩瀬をもっと褒めてやらないといけないですよ。山井もすごいけど、どれだけのプレッシャーのなかでいったかを考えたら、岩瀬をもっとたたえてもいいと思います」

落合監督との8年間。最たる思い出は、2006年10月10日の巨人戦（東京ドーム）。2年ぶりのリーグ優勝を決めた試合で、同点の延長12回にウッズがダメ押し満塁弾を放ったときだ。いつもベンチの奥で表情を変えずに戦況を見守る落合監督がベンチから出て、笑顔でウッズと抱擁を交わしたのだ。優勝の胴上げでは泣きながら空に舞った。当時の報道には「オレの目にも涙」という秀逸な見出しが躍っている。

「やはり東京ドームですよね。こっちもウッズを出迎えようと思っていたけれど、監督が先に飛び出していた。ウッズに抱きついているから、ベンチで手を出しながら順番を待っていました。あれぐらい感情を表に出したのは、現役時代を通しても少なかったんじゃないですか。ベンチではなくて、グラウンド上ですからね。あのときはちょっとびっくりして、初めて『ええっ』と思いました。ものすごく喜んでいる表情を初めて見たので」

かつてのパ・リーグ育ち　落合も石嶺も反骨の人

石嶺は2011年に中日を退団した後、横浜DeNAベイスターズ、古巣オリックスのコーチを経て、2016年からは故郷・沖縄県の社会人野球チーム「エナジック」の監督として、日々若者を指導している。2022年の段階で目標は全国大会出場。いつかNPBにも選手を送り出すことが夢だ。

「まだ一度も全国大会に出たことがないんですよ。九州の予選止まりですから、都市対抗でも日本選手権でも、何とかして全国に連れていってあげたいなという気持ちはあります」

プロは成績が出なければクビになるプレッシャーとの戦いでもあるが、アマチュアには野球が好きな若者が集まっている。

「若い選手を指導するのは面白いですよ。今、YouTubeでいろんな映像が見られるじゃないですか。若い選手に情報が入りすぎているんです。ああいう映像はたいがい難しいボールを難しく打っている打ち方が出ているんですよ。うまいこと打ったなあ、のほうが絵になるじゃないですか。選手はそれがスタンダードな打ち方だと思うから、練習で急に変な打ち方をし始めたりする。昨日と打ち方が違うなと思ったら、誰かのまねをしている。試しでやるのはいいんですよ。ただ、スター選手がそこにたどり着くには、やってきた過程があるのに、そこを無視してサラッとできると思っている。『何百万円しかもらってないんだから、いきなり何億円の選手をまねるより、5000〜6000万円の選手の映像を見なさい、と言ったら、そのくらいの選手の映像はあまりYouTubeにないんだね。だから、まずは一回、言うことを聞きなさい。その過程を説明するから』と。『お前らよりオレのほうがうまいんだから、打つことに関しては一回聞きなさい』とね（笑）」

思えば、石嶺と落合は当時観客が少なかったパ・リーグ育ち。技術を磨き続けたのも、逆風が吹いていたFA権を行使したのも、世間を振り向かせ、年俸という評価を得るためには数字を残すしかなかったのだ。

反骨魂がともに過ごした8年間。〝オレ流〟から学んだ指導は沖縄にも広がっている。

（取材・文／丸井乙生）

証言⑤

落合監督にクローザー指名された「絶対的守護神」

岩瀬仁紀

（元・中日ドラゴンズ投手）

奇才

2007年、落合監督が前代未聞の投手交代を告げた。日本シリーズで完全試合を目前にしていた山井大介に代え、守護神・岩瀬仁紀をマウンドに送った〝非情采配〟だ。異論反論が渦巻くなか、指揮官はつぶやいた。「お前が一番しんどい思いしたな」――。

いわせ・ひとき●1974年11月10日、愛知県出身。西尾東高-愛知大-NTT東海。98年ドラフト2位で中日入団。通算1002試合登板、407セーブはいずれもNPB歴代最高記録。2018年引退。最多セーブ5度、最優秀中継ぎ投手3度。04年アテネ五輪銅など五輪2度出場。左投げ左打ち。

いまだかつて、誰も味わったことがないマウンドに立ったことがある。2007年の日本シリーズ第5戦（ナゴヤドーム、現・バンテリンドーム）。北海道日本ハムファイターズを相手に3勝1敗で迎えた大一番で、先発・山井大介（現・中日1軍投手コーチ）は1人も走者を出さないパーフェクト・ピッチングを続けていた。

虎の子の1点リードだが、このままいけば1954年以来、53年ぶり2度目の日本一が決まるはずだ。しかも、日本シリーズ史上初の完全試合という快挙つきで。

誰もがそう思って当然の状況で、守護神・岩瀬仁紀は登板の準備を進めていた。

「いつもは7回裏に準備するんですけど、準備はちょっと早めでした。8回から行けるようにしておいてくれと言われたので。たぶん5回を過ぎたくらいだったと思うのですが、（山井の指の）マメがつぶれたのは知ってはいました。ただ、つぶれても、あれだけのピッチングをしていたんですよね」

8回までパーフェクト。それでもブルペンの電話は鳴った。リリーフ陣が息をのむ。

「ブルペンに緊張感が走ったような感じでした。僕がいくとなって、一気に静かに、静かに……沈黙の緊張感に包まれました」

9回表の守備。じっとしていた落合博満監督が立ち上がった。球審に何やら告げている間、場内には「山井コール」が巻き起こっている。森繁和バッテリーチーフコーチがボールを持ってマウンドへ向かうと、歓声にどよめきが交じり始めた。ウグイス嬢が透き通った声で告げる。

「ピッチャー、山井に代わりまして岩瀬」

指揮官は完全試合まであとアウト3つに迫った右腕をマウンドから下ろし、岩瀬を送り込んだ。一生に一度あるかないか、いや、1950年に初の日本シリーズが開催されて以来、誰も成し遂げたことがない「日本シリーズでの完全試合」。

落合監督はその記録が樹立される可能性より、チームの優勝に懸けた——当時、観客はそう解釈した。そして、岩瀬は「完全試合リレー」という重いバトンを受け取った。

「マウンドに上がるときに『山井コール』を聞いてしまった。（投手交代で）球場がどよめいたので、すごく上がりづらいというのはありました。（手などの感覚も）正直、ちょっと違いますよね……今考えると、やっぱりゾッとしますね」

就任初年に「抑え」指名〜早々と得た「絶対的信頼」

9回のマウンドを受け持つことは、指揮官の一言で決まった。

「お前は『抑え』な」

2004年1月31日、春季キャンプが始まる前日だった。宿舎の部屋に落合監督が来た。当時、同部屋だった川上憲伸は「開幕はない」と告げられた一方、岩瀬は新たなポジションへ指名された。

「セットアッパーをやっていた頃は、いずれ先発で投げたいと思っていましたけれど、落合さんからそう言われて、やってやるぞ、頑張るぞという気持ちになりましたね。抑えをやる以上は責任感を持って挑もうと」

ルーキーイヤーの1999年から65試合に登板して10勝2敗1セーブ、防御率は1・57で最優秀中継ぎのタイトルを獲得。2000年10月8日の広島東洋カープ戦（広島市民球場）では7回1失点、プロ初先発初勝利を挙げた。その後、リリーフとして毎年50試合以上に登板。2003年までに最優秀中継ぎのタイトルは3度獲得した。

2003年は岩瀬が投げたあとに、抑えの大塚晶文（現・中日1軍投手コーチ）がいた。大塚は同年オフにMLBへ移籍。クローザーの枠が空いたところに自分が入るという気持ちではいた。しかし、チームの勝敗を懸けてマウンドに上がる特殊なポジション。自分の心に一本筋を通さなければ務まらないと感じていた。

「セットアッパーとは全然違って、チームの屋台骨を背負う、じゃないですけど、やっぱり最後の砦《とりで》。抑えを務めるとなったら、生半可な気持ちでは無理なので、先発をしたいとか、そういう気持ちはまったくなくなりました。抑えのポジションを自分が守れるように頑張っていこうという気持ちに変わりましたね。あれだけ言葉の少なかった監督から、責任あるポジションを任せてもらった。説明はなかったですが、『ポジションは与えるけれど、結果を出さなかったら知らないよ』ということですよね。自分ではしっかり守らなきゃという思いでやっていました」

岩瀬に対する落合監督の信頼を裏づける言葉がある。

「岩瀬が出ていって負けたら仕方ない」

内心では山井の続投を期待していた

２００７年の日本シリーズは、負けられないどころか、１人の走者すら許されないような究極のマウンドだった。

日本ハムとの対戦成績を３勝１敗として迎えた第５戦。11月１日、本拠地ナゴヤドームで球団として１９５４年以来、53年ぶり２度目の日本一を懸けたゲームに臨んだ。落合監督就任以降、中日は２００４、２００６年にリーグ優勝を果たしたものの日本シリーズでは勝てなかった。しかも、２００７年はリーグ２位。同年から導入されたセ・リーグ初のクライマックスシリーズ（ＣＳ）で、第１ステージは阪神タイガースに連勝、第２ステージは読売巨人軍に３連勝し、２年連続の日本シリーズ進出を決めていた。相手も２年連続で日本ハムだった。

「リーグ優勝していなかったので、日本シリーズで負けたら何も残らないという感覚はすごく強かったですね。だから、絶対に日本一にならなきゃという思いは、今までの日本シリーズのなかでは一番強かったかもしれない」

王手をかけていた中日の先発マウンドには、プロ6年目の山井大介が立った。

当時の先発陣は川上、中田賢一（現・福岡ソフトバンクホークス1軍投手コーチ）、朝倉健太（現・中日編成担当）、山本昌（現・野球解説者）、小笠原孝（現・ソフトバンク2軍投手コーチ）。序列で言えば、小笠原と同列の5番手ポジションだった。

山井は前年の2006年は右肩痛で1軍登板なし。まだ二桁勝利の経験はなく、本格的にマウンドに戻ったシーズンだった。2007年のペナントレースは14試合登板で6勝4敗、防御率3・36。10月7日の横浜ベイスターズ（現・横浜DeNAベイスターズ）戦（横浜）以来の1軍登板で、大一番の先発を任された。

対する日本ハムの先発はダルビッシュ有（現・サンディエゴ・パドレス）。ペナントレースは26試合に登板して15勝5敗、防御率1・82。同年の日本シリーズでは、第1戦に先発して9回1失点で完投勝利。中4日、相手のヒルマン監督は後がない状況でエースを起用した。

先発のマッチアップだけを見れば、日本一が手に届くところまで来ていた中日にとっては分が悪い。しかし、試合は回を追うごとに誰も経験したことのない世界へと突入していくことになる。

「まさか、ああいう試合になるとは夢にも思わなかったですから。びっくりというしかない。想定なんてまったくできていませんでした」

山井のマメがつぶれて1イニング早く準備

午後6時10分、試合が始まった。まっさらなマウンドに立った山井は1回、先頭の森本稀哲《ひちょり》（現・日本ハム1軍外野守備走塁コーチ）を遊ゴロに抑える。続く田中賢介（現・野球解説者）を三振、稲葉篤紀（現・日本ハム2軍監督）を二ゴロ。日本一を目指す立ち上がりは上々だった。2回も4番・セギノールから三振を奪うなどして三者凡退。するとその裏、ウッズが左前打で出塁、続く中村紀洋（前・中日打撃コーチ）が右中間へ二塁打。1死二、三塁となって平田良介が右犠飛を放ち、1点を先制した。

ここから1点を守る戦いが始まる。3回、山井は相手の下位打線を3人で抑え、一巡目が終了。二巡目に突入しても快投は続いた。

しかし、山井は万全の状態とは言えなかった。岩瀬は試合中盤の5回を過ぎたあたりで、山井の右手中指にあったマメがつぶれていることを知った。ブルペンで待機していた岩瀬には、コーチから「ランナーが1人でも出たら代わる。もう8回からいける準備をしておいてくれ」との指示が出た。

いつもより1イニング早い8回に間に合うよう、通常7回裏から始める準備を前倒し、ウオーミングアップを始めた。ただ、グラウンドでは山井が相手打者を完璧に抑えている。

山井は7回、先頭の森本を第1打席と同じく遊ゴロ。田中賢、稲葉はいずれも左飛に打ち取った。8回、セギノールから始まった中軸の攻撃も三者凡退。打者24人をパーフェクトに抑えたまま、残すは最終回となった。

このまま27人を完璧に抑えれば完全試合で日本一。球史に残る大記録の達成は目前だった。完全試合だけで見ても1994年5月18日、広島戦で巨人・槙原寛己（現・野球解説者）が達成して以来、27人で試合を終えた投手はいなかった。しかも、日本シリーズの日本一決定試合で達成となれば当然、前例はない。

1－0、中日が薄氷のリード。ダルビッシュからもぎ取った唯一の得点を山井が守り抜いてきた。

「内心はそのまま続投を期待していたんですけど……」

「あそこで代えられる監督の勇気がすごい」

味方の攻撃中、ブルペンの電話が鳴った。試合展開を考えれば、聞こえるはずのない音が鳴った。内容はもちろん、岩瀬への継投。この瞬間に、山井が一人で完全試合を達成する可能性は消えた。

「いつもだったら、早い段階で9回にいくという話があるのですが、たぶん相談していたからワンテンポぐらい遅れたと思うんです。代わると言われたら、こっちはもうそれに向けていくしかない」

静まり返るブルペン、最高潮の球場。日本一が決まる最後のマウンド。いつもなら守護神の登場で勝利を確信するファンも、山井の登場を信じていた。

守護神の仕事は、1イニングを0点に抑えてチームに勝利をもたらすこと。しかし、このときだけは絶対に27人で試合を終えなければならないという究極のミッションが加わった。

「絶対に3人で抑えなきゃという思いがものすごく強かった。普段はそういうことを考えないいんですけれど、どうしても3人で終わらないといけないと」

目の前の状況を理解できない観客のざわめきが収まらずに始まった9回表。相手は下位打線、7番・金子誠（現・千葉ロッテマリーンズ戦略コーチ）を三振に仕留めると、続いて代打の髙橋信二（現・オリックス・バファローズ打撃コーチ）を左飛。最後はダルビッシュの代打・小谷野栄一（現・オリックス・バファローズ野手総合兼打撃コーチ）を二ゴロに抑えてシャットアウト。

9回の1イニングを打者3人、13球で無失点。前代未聞の完全試合投手リレーによって、チームの日本一が決まった。

リーグ2位から日本シリーズに進出。日本一への思いを強くして臨んだつもりだったが、試合を終えた感情は喜びよりも安堵《あんど》だった。

「日本一になった喜びよりも、ホッとしたというほうが強くて。普通、日本一になったらうれしさでいっぱいになるはずなのに、安堵感がハンパなかったことは覚えています。喜びを爆発させられなかったですよね……」

普通の1点差の試合とまったく異なるシチュエーション。打者を1人も出さずに抑えなくてはならないと自分に言い聞かせた緊張感。これ以上のプレッシャーは、20年間の現役生活を振り返っても記憶にない。

試合後、風呂場で落合と一緒になったという。交代の真意について聞かされることはなかったが、一言だけ声をかけられた。

「『お前が一番しんどい思いしたな』と。パーフェクトで抑えていたピッチャーを代えるわけだから、それだけ信頼されているというのは感じました」

大方の人が山井の続投を考えていた場面。山井本人が8回表終了後のベンチで、迷いに迷って自分から交代を申し出た、というエピソードがのちに明かされているが、普通なら考えられない采配は落合監督だからこそできたのか。

「（投手交代自体は）いつもどおりでしたが、逆にあそこで代えられる監督の勇気のほうがすごい。冷静に考えたら、パーフェクトピッチングしているピッチャーを代えるって……。代えられる監督といったら、おそらく落合さん以外いないんじゃないかと思います。そういう決断をできる監督でした」

味方ですら騙される徹底した情報管理

誰にも読めない落合監督の決断は、突然に始まったことではない。最初から常人とは異なっていた。

岩瀬が指揮官から「お前は『抑え』な」と言われた次の日から始まった2004年の春季キャンプ。いきなり紅白戦から始まるという、異例の幕開けだった。

同年のシーズン開幕戦、3年間登板がなかった川崎憲次郎（現・野球解説者）が開幕のマウンドに上がった。1990年代のヤクルトスワローズ（現・東京ヤクルトスワローズ）黄金期を支えた右腕。2000年オフに中日へフリーエージェント（FA）で移籍後、2001年シーズン前に右肩痛で戦線離脱し、1軍登板はゼロだった。

岩瀬は、川崎の開幕投手起用を試合当日に知ったという。同じチームの選手ですら、その日のマウンドに誰が立つのかわからなかった。

「味方が騙《だま》されていますから（笑）。あの頃は予告先発がなかったので、普通は先発で誰が投げるのか、チーム内ではわかるはずなんですけれど、わからずに始まっているのが落合さん。それぐらい内部にも漏れないところは徹底していましたよね」

リーグ2位から日本シリーズに進んだ2007年のCSでも、先発投手は読めなかった。とくに、第2ステージの相手だった巨人は翻弄《ほんろう》された。

第1戦、右腕と予想していた巨人は投手を除く打者6人を左で揃《そろ》えた。しかし、先発は左腕・小笠原孝。結果、巨人は小笠原をはじめ中日投手陣を攻略できず、2－5で敗戦。逆に中日は勢いに乗り、最終的に3連勝で優勝チームを破ってシリーズに進んだ。

「落合さんと森さんで徹底していたところはすごいですよね。先発が自分たちにすらわからないということは、相手チームはもっとわからないわけで」

「背中、曲がってるからな」

誰にも考えられない「オレ流」の采配。相手はもちろん、味方でさえもわからなかった落合監督の考えには、根底にひたすら「勝利の追求」があったのだろう。負けないためにどんな手を打てばよいか、考え尽くされた勝負の一手。妥協はなかった。

相手にとってみればセオリーが通用しない、何をしてくるかわからない怖さもありながら試合に臨むことになる。しかし、1点を取りにいくときは犠打で確実に取りにいく。そして盤石の投手リレーを実行するように、実際の野球はいたってシンプルだった。

「何をしてくるかわからない監督に見えて、オーソドックスな野球をしている。点は取らなくても負けなきゃいいんだろ、という『負けない野球』に徹していたのだと思いますね」

失敗への恐れを軽減してくれた言葉もあった。与えられたポジションを守りぬくた

けど、監督の言葉で、今の自分がこうなっているんだということは気づきますね」

僕は調子が悪いときにちょっと猫背気味になってしまうんです。たった一言なんです

「パッとすれ違うときに、『お前、今、調子悪いから。背中、曲がってるからな』と。

る金言だった。

しかし、落合が時に発する一言は、選手にとっては大きな発見につながることもあ

もあった一方で、じっくり腰を据えて話したこともなかった。

アドバイスをすることは、ほとんどなかったという。どこか放任主義のような雰囲気

落合監督は投手陣の管理を森コーチに任せていたこともあり、個々の投手に細かく

えなきゃいけないという気持ちにもなりました」

いうことは、僕が出ていって負けてはいけないんだという認識になる。その信頼に応

して負けたんだから仕方ないという言い方なので、そのあたりの割り切りはすごい。と

その試合の総括を済ませていたんですよね。監督自身がやることはやって、手を尽く

「僕が出ていって負けたときに『岩瀬が出ていって負けたら仕方ないだろ』と言って、

よって監督の信頼を感じ取り、責任感が生まれた。

岩瀬は落合監督の「負けない野球」の最後を締めくくる守護神。起用されることに

めの目安。たとえ失敗しても、リセットできた。

「いつ言われたかは覚えていないですが、『シーズンのなかで3回の失敗は許してやる』と言われたんですよ。1年間で3回は失敗していいんだという気持ちもありつつ、それ以上失敗したら抑えのポジションは奪われる感覚で過ごしていましたね。年間全部、抑えられるわけじゃないので、3回までは許されると思ったときに1回の失敗がそんなに重たく感じなくなった。3回の失敗までは自分が抑えでいられるんだと思ってやっていました」

言葉が少なかったからこそ、結果を残さなければ、自らの立場、ひいては野球人生さえも左右しかねない状況になると思えたのか。

「そこのポジションをお前に渡したから、あとは自分で結果出せよ、と言われているような気はしましたね。普通だったら、いろいろ言いたくなることもあったと思うのですが、そういったことはまったくなかったです」

退任発表から大逆転優勝「勝てる雰囲気」があった

落合監督時代の8年間、中日は2004年の優勝に始まり、すべての年でAクラス。監督として最後の2年、2010、2011年には球団史上初のリーグ連覇も成し遂げた。

２０１１年９月22日、同年で３年契約の最終年だった落合監督の退任が突如発表された。このときチームは首位・ヤクルトに４・５ゲーム差としており、球団史上初のリーグ連覇に望みをつないでいた。

まだ優勝を諦めていない段階での退任発表。しかし、ここから中日は怒濤《どとう》の追い上げをみせ、最後はヤクルトに２・５ゲーム差をつけて優勝した。

退任発表のあった日から、ヤクルトとの４連戦で３勝１敗と勝ち越し。次の広島とのカードは３連戦を２勝１分け。続く甲子園での阪神３連戦は２勝１敗。10月４日からはナゴヤドームで広島、巨人、ヤクルトを相手に10連戦が待っていた。

最初の広島３連戦を３連勝。シーズン中、最大で10ゲームあったヤクルトとの差を逆転し、残り13試合で首位に浮上した。

次の巨人３連戦は１勝１敗１分けのイーブンとして、本拠地10連戦ラストは優勝を争っていたヤクルトとの首位攻防４連戦。10月10日の初戦から３－０、３－１、４－３、２－０で４連勝とし、優勝マジックを２とした。

その後は東京ドームでの巨人戦で３タテを食らうも、マジック１として10月18日、横浜戦（横浜スタジアム）で引き分け。シーズン終盤の大逆転でリーグ連覇を成し遂げた。落合監督の退任発表をきっかけにチームが上昇したことは、結果を見れば間違いない。

「退任発表からチームがまた強くなったのは事実。選手にはとくに変化はなかったのですが、チームは強かったですよね。終盤の強さ、優勝争いのなかでの強さはすごく感じました。自分たちとしても、優勝争いをしていれば最後に勝てるんじゃないかという雰囲気はありました」

勝負どころは落とさない 負けを計算していた

優勝へ向かうチームづくり。そこには指揮官の戦略があったのだろうか。

「やっぱりゲームプランというか、そういったつくり方はすごくうまかったですよね。勝負どころの試合を落とすことは、ほとんどなかったですから。逆に言ったら、負けを計算しながらやっていた監督じゃないですかね。『ここまでは負けていい』という感じで言っていましたから。そういう計算は長《た》けていたんじゃないかな。その年の優勝争い、最後に抜けるためには〝このあたり〟というのが、たぶん監督には見えていたはずです」

首位に浮上したあとの天王山となったヤクルト戦は、1試合最大4得点、4試合でも計12得点ながら失点は4。無失点の試合もあった。少ない得点でも守って勝ちきる。計算に裏づけられていたであろう「負けない野球」は最後まで貫かれた。

球団がリーグ連覇を果たした２０１１年には、岩瀬も大記録を打ち立てた。6月16

日、本拠地ナゴヤドームでのソフトバンク戦、プロ野球新記録の287セーブをマーク。高津臣吾（現・ヤクルト監督）の286セーブを上回り、歴代最高となった。

落合から胡蝶蘭と時計のプレゼント

まだまだ記録を積み重ねている途中で、落合監督からある言葉をかけられた。

「記録をつくっていたなかで、いつだったかな……287セーブあたりですかね。『これをやらなきゃ認めないよ』みたいな発言があったんです。400セーブしないと認めないというような感じのことを言われました。『287セーブぐらいじゃダメだ』みたいに言われたことは覚えていますね。逆に言ったら、まだまだそんなところで満足していちゃダメだぞと言われているようでした」

ハッパをかけられたということは、気にかけていたからだろう。岩瀬に一目を置いていた証しと思われる「プレゼント」があった。

「300セーブのときだったかな。胡蝶蘭《こちょうらん》をいただきました」

リーグ連覇を決める前の2011年9月3日、広島戦（マツダスタジアム）で前人未到の通算300セーブを達成。落合監督が退任してからも守護神のポジションを守り、年間50試合以上登板、30セーブ以上を続けていた。

そして2014年7月26日、ナゴヤドームでの巨人戦で400セーブを達成。40歳でシーズンを迎えた2015年は、左肘の故障による影響で初めて1年間1軍登板がなかった。それでも現役を続け、翌2016年にはマウンドに上がり、復活を果たした。

2017年には中継ぎとして50試合に登板。50試合登板は2013年以来、4シーズンぶり。同年のカムバック賞を受賞した。

2018年9月28日、ナゴヤドームでの阪神戦で現役生活最後となった407個目のセーブをマーク。プロ野球歴代最高、不滅ともいえる大記録として刻まれている。同じ試合で1000試合登板も達成した。

最終出場は同年10月13日、ナゴヤドームで迎えた阪神戦。打席にはかつてのチームメート・福留孝介（現・野球解説者）が立った。監督となっていた森からボールを渡されると、福留を3球三振。セーブ数とともにプロ野球記録となった1002試合目の登板を果たし、守護神としての任務を終えた。

引退の際にも、落合から労《ねぎら》いとも取れる贈り物があった。

「最後に、時計をいただきました。結構大きめの置き時計でした。今は実家に置いています。何かもらったのは現役の最後のほうでした」

岩瀬は落合監督から抑えというポジションを与えられたことで責任感が生まれ、自分が一本立ちできたと感じている。抑えに指名されたときから、1試合1試合、結果を重ねて信頼を強固なものにしていった。自らの役割で何をすべきかを考え、期待に応え、結果を出し続けた。

「人とは違いますよね。選手のときから奇才」

「オレ流」の野球を体感した8年間は、ほかの監督では味わうことのできなかった普通ではない何かを感じていたという。

「一言でいえば……人とは違いますよね。三冠王を獲ったときから、選手のときから奇才というか、人とは違うことをやってきた人。監督になっても平然と、ほかの人が変わっていると思っていることをするのが当たり前で、それをずっと貫き通していたっていうことじゃないでしょうか」

選手に考えさせ、答えを出した選手自身が役割を完遂することで、勝利へと導かれる野球。

「お前は『抑え』な」

2018年の引退からさかのぼること14年前、セットアッパー時代に告げられた一言は、岩瀬の野球人生を変えた。口数が少ない指揮官は、「負けない野球」を支え続けた守護神に、多くの記録とタイトルを残すチャンスを贈ったのだった。

（取材・文／岡田 剛）

証言⑥

星野チルドレンが体感した「オレ流」

中村武志

（元・中日ドラゴンズ捕手、1軍バッテリーコーチ）

なかむら・たけし●1967年3月17日、京都府出身。花園高。84年ドラフト1位で中日ドラゴンズ入団。正捕手として活躍し、複数球団を経て2005年引退。中日では09～12年、19～21年バッテリーコーチなど。通算1955試合、打率2割4分2厘、137本塁打、604打点。右投げ右打ち。

野球の達人

天才打者・落合博満は現役時代、独特の練習を実践していた。
延々とカーブを打ち込み、まるで体の一部のように自由自在にバットを操った。
1990年代の中日ドラゴンズを代表する捕手となる中村武志は、
捕手目線でその姿を観察し続けた。

1986年オフ、3度目の三冠王に輝いたばかりの落合博満（ロッテ・オリオンズ）の獲得に、中日ドラゴンズの新監督となった星野仙一が動いた。1対4のトレード。中日からは当時のリリーフエースだった牛島和彦（現・野球解説者）をはじめ4選手が放出された。

捕手・中村武志はこのとき、プロ3年目を迎えようしていた。

「トレードの選手のなかには、かわいがってもらった先輩もいました。自分はまだ若くて、すごい人が来るということはわかっていたけれど、目の前のことで精いっぱいだったから、ピンときていなかったんです」

大物打者の姿は1987年の春季キャンプ（宮崎・串間市営球場）で初めて目の当たりにした。まだ1軍出場のなかった20歳にとって、その振る舞いは衝撃的だった。

「練習方法は自分たちが経験してきたこととまったく違ったので……。まず、キャンプが始まって10日から2週間くらいバットを振らない。ノックで緩いゴロを受け続けていたんです。全体でやるウオーミングアップはベテラン組のほうに参加していましたけれど、基本一人でやっているように見えました。グラウンドで自分が見ていた範囲の話ですが、若いなりに『大丈夫なのかな』と気になっていました」

2週間ほどが経過し、落合が室内練習場に入ると、今度はそこから出てこない。専属の練習パートナーを連れて3～4時間は打ち続けていた。

バットを振る姿を見たときは度肝を抜かれた。打っていた球はひたすらカーブ。球速は50キロほど、山なりのボールをほぼ完璧に捉えて打ち返していた。大方の選手はストレートが基本。練習とはいえ、カーブをこれほどまでに打ち続ける選手は見たことも聞いたこともなかった。

「緩いボールをずっと打ってるんです。ほぼミスはないですよね。プロ野球選手が、プロ野球選手を野球教室のように見ている感じでした。若い選手みんなが小学生で、教えてもらっているような感覚。なぜ緩いボールがいい練習になるのか理由はわからないまま見ているだけ。でも、見ているだけで楽しかったんです」

バットは体の一部のようで「マジシャンみたい」

落合の打撃練習時に捕手を務め、三冠王を至近距離で見ることもできた。ほかの選手と同じく木製バットを使っていても、打球音がまったく違う。

「100球打ったら100球、芯に当たります。間違いなく。バットにボールが当たる音はまるで金属音、キーンって——材質とかあるのかもしれないけれど、とても木製のバットで打っている音じゃない。あと、とにかくヘッドスピードが速い。それでセンター、ライト、レフト、セカンド……どこでも打ちたい方向に打ちたい打球が打てる。まるでバットが体の一部になっているようでした。プロ野球では、当たり前と言われることがたくさんあるじゃないですか。プロだからできて当たり前だろう、という。ただ、落合さんの〝当たり前〟は当たり前じゃなくて、『すごい』しかない。絶対、オレたちにはできない。感激というか、感動ですよ。もう、マジックみたいな。不思議な感じがマジシャンですよね」

打撃練習では〝ボールが消える〟現象も体験した。落合がスイングに入ると捕手の目線からボールが隠れ、見えなくなってしまう。「空振り」を予告されても、消えたかのように思われたボールがバットの陰から突如現れ、中村の体に当たったこともあった。

天才打者の妙技にまたも感動を覚え、「もう一度お願いします」と落合に頼み込み、2球連続で〝消えるボール〟を体感した。中村は興奮している。しかし、後ろから練習を見ている星野監督には、打撃練習で2球連続で捕球し損ねているようにしか見えない。指揮官から「何やってんだ、お前は！」とどやしつけられ、「ボールが消えるんですよ！」と力説したら、「そんなわけねえだろ！」と怒られた。

練習でのマイペースぶりはオープン戦に入っても変わらない。

「オープン戦でも『ボールを見るだけ』と言って、打席に入って帰ってくる。10打席くらい、そんなときがありました。4番打者で一度も振らないんですよ。それでも、相手のピッチャーは四球を出しますからね。ようやく『今日は振る』と言ったときに、いきなりホームランですから。紅白戦とかでも、『1回だけバットを振る』と言ってホームラン。予告して打つわけです。笑うしかないですよ」

落合の手にあったマメ……人前では見せない練習量

打席に入ったときの集中力はすさまじかった。中村は捕手らしい観察眼で落合が打席に入る前後の「目」に変化を感じ取った。

「バットを持てば、顔つきが変わる。目が大きくなるんですよ。瞳が大きくなるというか。あれは集中力以外の何物でもないと思います」

口数は少なく、打席の結果がどうであろうと表情に出さない。それでも、試合のときにはチームメートを気にかけてくれた。当時、星野監督から〝鉄拳指導〟を受けていた中村にとって、落合の一言は良薬になっていた。

「『打たれてもいい。オレらが打ってやるから、とにかくちゃっちゃ、ちゃっちゃとサインを出せ。打たれるとか怒られるとか、あまり考えるな。なるようになる』と。毎日、監督に怒られていること、まだ若くてテンパってプレーしていることもわかってくれていましたから。試合では自分以外、年上の選手ばかり。もう日々顔色が変わったり、真っ青になったりするなかで、ホッとできる言葉をずいぶんかけてもらいました」

中村は天才を観察し続けた。中日に移籍して2年目の1988年、落合の成績が振るわない時期が訪れた。打順が4番から3番になっていた頃、その手にマメができていることに中村は気づいた。

「試合中にボールを渡そうとしたとき、たまたま落合さんの手を見たんです。結構大きなマメができていて、鳥肌が立ちましたよ。『オレ、マメなんてできない』と言っていて、実際にできたところを見たことがなかったですから。手袋もしないのに。マメを見たのは後にも先にも、そのときしかないですね」

キャンプで見ていたマイペースな姿、少なくとも自分の目に入る姿から考えると、「マメ」ができる要素はどこにもない。それは、誰にも見つからないところでバットを振り続けたことを意味していた。

「結構、大きなマメだったので印象に残っています。どこかでずっと振っていたんじゃないかな。でも、（練習は）見せないですよね。自分は内容はなかったかもしれないけれど、練習の量と時間だけは誰にも負けずにやっていました。それでも、落合さんから『オレはもっとやっていたよ』と言われたことがあります。それがプロに入ってからのことなのか、それともアマチュア時代の話なのかはわからない。ずっとゴロを受けていたと言っていました。お相撲さんみたいにずっと股を割って、低い姿勢で正面から緩いボールを受ける。俗に〝体が出来上がる〟という、下半身をつくる練習方法らしいです」

落合に真っ向勝負を挑んだのは今中だけ

中村は現役時代、中日で落合と7年間をともにした。三冠王と初遭遇した1987年に1軍初出場を果たし、翌1988年には98試合出場で正捕手の座をつかんでリーグ優勝に貢献。当初は弱点といわれた打撃でも、1987年に2割1分2厘だった打率は1989、91年に2割7分をマーク。1991、93年にはそれぞれ20本、18本の本塁打を打つまでになった。

1993年オフ、落合は同年に導入されたばかりのフリーエージェント（FA）制度を利用して読売巨人軍に移籍。1994年からは敵チームとなった落合と対戦した。打席では「武志、今のボールだよな」と審判の判定について軽く言葉を交わすこともあったという。敵と味方、立場が変わったことで、それまで感じることのできなかった試合でのすごみに遭遇した。

「勝負するときの顔を初めて見たんです。ものすごい顔をしていました。目がぐっと大きくなって。（打撃練習で捕手を務めたときとは）また違った感じで、すごい集中力。落合さんには打たれるより、まだ四球のほうがよかった。ただ、同じ四球を出すにしても、工夫はしていました。アウトコースだけでなく、体に近いところに投げて崩す。

インコースの厳しいところを要求しないといけないので、サインを出すほうはヒヤヒヤ。ですが、よけ方もうまくて、結局やられた記憶しかない」

移籍した1993年オフに落合は40歳を迎えていた。現役生活も晩年に差しかかっていたが、卓越した技術に衰えは見られなかった。

打率は中日在籍最終年の1993年が2割8分5厘、巨人移籍初年の1994年は2割8分。コンスタントに3割台をマークしていたロッテ時代、中日移籍直後に比べれば、いささか物足りないような錯覚を起こしてしまうが、1995、1996年はいずれも3割を超えていた。本塁打の数は徐々に減りつつも、安打を量産する力に変わりはなかった。

落合との勝負を避ける投手が多かったなか、一人立ち向かっていった投手がいた。今中慎二。1990年代の中日を代表するサウスポーは、落合と真っ向勝負を繰り広げた。

「常に向かっていったのは今中だけですよ。1回たりとも四球を出そうと思わなかったんじゃないかな。落合さんも『真っすぐで勝負させろ。あいつはいいピッチャーだから。いいストレートを投げるから』って。評価は高かったです」

マスク越しに見ていた被弾の記憶は鮮明に残っている。1994年の「10・8」、球史に残る天王山として語り継がれるナゴヤ球場での巨人戦。両チームは同率首位、勝った側がリーグ優勝。先発の今中は2回、落合に先制弾を許した。同点の3回には、1死二塁の場面で打ち取ったと思われた当たりが一塁後方へのポテンヒットとなって勝ち越された。落合が打った球は2球とも内角の直球だった。

コーチとしての心構えは「絶対に手を出すな」

中村は味方として、敵として、異次元にいた落合の野球を体感していた。1998年に天才打者は引退するが、中村は2001年まで中日に在籍。その後、横浜ベイスターズ（現・横浜DeNAベイスターズ）、東北楽天ゴールデンイーグルスでプレーし、2005年に引退した。

2006年から横浜で2軍バッテリーコーチ、2008年には1軍バッテリーコーチを務めていた。同年、横浜で中日戦が開催されたときのこと。中日の監督として5年目のシーズンを戦っていた落合から声をかけられた。

「横浜スタジアムで夏頃、ご挨拶したときに『2軍だけど戻ってくるか』と話をもらって。はじめは冗談だと思っていたんです。その後、また横浜で試合があったときに『ちょっと考えろ』と。行く気があれば中日に入れるというニュアンスだった。森（繁和）コーチ（現・野球解説者）からも電話をいただいて、その2日後に落合さんからも直接電話をもらいまして。横浜の人のアドバイスもいただいて戻ることにしました」

プロ21年間のうち17年を過ごした古巣への復帰。しかし、どのような理由、経緯で声をかけられたのかは、いまだに知らない。

「中日に戻してくれた理由は謎ですけれど、『オレは周りにブレーンも友達もいないから、オレが辞めた後は知らないぞ。いる間は面倒を見るから』とは言われましたね」

2009年、2軍捕手コーチとして中日へ8年ぶりに戻ってきた。落合から伝えられたコーチとしての心構えは「絶対に手を出すな」。星野監督から手厳しい指導を受けていた中村の現役時代とは正反対だった。

落合が中日の監督に就任した2004年は、まだ横浜の現役選手としてプレーしていた。外から見ていた「オレ流」。中に入ると、現役だった頃との変化を感じるようになった。

「初日から紅白戦をやるなんて、おそらくプロ野球のキャンプで初めてではないかと。やっていう日程を組みましたからね。練習の量とか時間は、自分が現役でいた頃より、やっていましたよ。沖縄での練習なんて夜7時とか、暗くなるまで走っていました。現役時代は本当に練習は嫌いだったみたいですが、（監督になって）練習に関しては星野さんよりやらせていたんじゃないですかね。最初の2週間くらい、バッターは打ちまくる、ピッチャーは投げまくる、あとはみんな走りまくる。細かいアドバイスとかはなかった。2軍でも近いことをやっていました」

1軍は夜の8時まで練習をしていたため、2軍選手の練習が早く終わっても、すぐには帰れず、球場に残ったこともしばしばあった。

「1軍のマネジャーとやりとりして『まだ終わっていません』と。さすがに帰れないです。帰る選手もいたけれど、監督、コーチは2時間くらい2軍の球場に残っていた。それでも野手は室内練習場で打ちまくっていました。すごかったです」

「できないやつは、やらなきゃいけない」

現役時代の落合の言葉からは、これほどまでに厳しい練習は想像できなかったという。

「現役の頃は『1勤1休でいい』と言っていたんですよ。『練習は好きじゃない、嫌だ』ってずっと言っていました。ただ、『結果は残さないといけない。できないやつは、やらなきゃいけない。できるやつはずっと寝て、球場に行って結果を残せれば練習なんてしなくてもいいんだ』と。それくらいの割り切りみたいなことを聞いたことがありましたが、落合さんが監督になったら楽になるんじゃないかなと当時は思っていたけど、まるで逆でした。監督としては細かかった。1点を取る場面では絶対1点を取りにいく。バントもする。現役時代の落合さんからすると打っていくイメージがあったけれど、そうではないんだと。基本的に落合さんの野球は星野さんの野球に近いと思うんです。星野さんもどちらかというと、1点を取って1点を守りきる。とにかく先取点を取って逃げきる。（本拠地が）ドーム球場だったので、そういう野球をしないといけないと思うし、落合さんは似たようなイメージでした」

中村が知るドラゴンズと大きく違った部分は、ミーティングの有無。現役の頃、ほぼ毎日のように開かれていたミーティングは、落合政権では必要なときにだけ開かれていた。

「ほとんどミーティングはありませんでした。落合さんが出てこないので。ミーティングというかしこまったことは、サインを決めるなど以外はなかったし、ゲーム後もなかったですね」

一方、選手時代と変わらない落合もいる。どんな状況でも表情を変えなかった。

「現役時代も、打ったとか、勝った負けたであまり喜怒哀楽を出さなかった。監督になっても試合中に怒鳴る人ではなかったし、誰が打っても表情は変わらない。いいときも悪いときも、腕を組んでじっと座っている……かと思えば、采配は厳しいときは厳しいですもんね。選手の交代にしても、1、2軍の入れ替えにしても。そこが星野さんより厳しかったんじゃないかな。勝つことに集中していました。勝つためにはこれをしなきゃいけない、ということが見えていたんだと思います。誰を使っても、その試合を勝つために、優勝するために、妥協がなかったです」

勝利にこだわった中日での8年間の監督生活でリーグ優勝4度、日本一1度、8年すべてでAクラス入りを果たした。荒木雅博（前・中日1軍内野守備走塁コーチ）、森野将彦（現・中日2軍打撃コーチ）、井端弘和（現・侍ジャパン監督）ら生え抜きの野手陣が台頭してレギュラーを固め、川上憲伸、岩瀬仁紀（ともに現・野球解説者）、吉見一起（現・侍ジャパン投手コーチ）、山井大介（現・中日1軍投手コーチ）ら、20代で脂が乗っていた時期の投手陣がフル回転。レギュラー陣が大きく変化することがなかった。

「あれだけ毎年ほぼフル出場で、投手陣もきっちり投げていて。誰一人大きなケガがなかったことはキャンプでの練習量とか、そういう背景があったからですかね」

落合は2011年、球団史上初のセ・リーグ連覇を成し遂げて監督を退任した。翌2012年、中村もコーチとしての役目を終えた。「いる間は面倒見るから」。かつてコーチ就任要請時にかけられた言葉のとおりだった。

初めて食事に誘われ「もっと野球を楽しめ」

二人とも現役だった頃、一度だけ食事に行ったことがある。

試合の移動日で、場所は広島。落合から誘いがあり、落合の知人を加えて3人で出かけた。中村は当時まだ若手。外出するにしてもマネジャーが同行しなければならない「外出禁止令」が出ていた時期だった。

「『食事に行くから、(宿舎の)ロビーに来い』と。誘われたときは何かあったのかと思って、ちょっと緊張しながら行きました。確か和食だったと思います。なぜオレだけ誘ってくれたのか……いまだに不思議です。当時は自慢でした。オレだけなんじゃないかと、いまだに思っています」

一人で外に出ることができなかった当時のことを考えると、食事に誘われたことに加えて、すんなりと外に出られたことも不思議だった。

「落合さんに限らず、ほかの先輩方も気にしてくれて、助けてくれるというか、かばってくれるという関係でした。(当時は)落合さんがホテルから出る姿を見たことなかったんですよね。必ず食事会場に来ていたから、外出するところは見たことがなかった。今考えれば、スッと出られた理由は、落合さんが監督に言ってくれていたのかな」

食事後は宿舎の1階にあるバーに場所を移した。落合は軽く飲んで先に部屋へ戻ったという。沈黙のほうが長い席上、アドバイスをもらった。

「『もっと野球を楽しめ。お前は野球を楽しんでいない』と。落合さんが戻った後、1時間くらい残って飲んでいました。もっと野球の話を聞ければと思ったけれど、聞けずじまいでした」

落合から発せられる言葉は少なかったが、アドバイスをしてくれたときは熱心に向き合ってくれた。

「1時間とか2時間、ずっと見てくれていたことがありました。余分なことは言わない。切り替えが早いというか、もう終わったことは仕方がないから、それを次に生かせと。配球面でも『山本昌にはカーブを使え』とか。スクリューボールばかりだったから、緩いカーブを間に入れる。落合さんのアドバイスを参考にするというか、信じるしかなかったですね。言葉は少なかったけれど、かけられた言葉は重かったです。キャッチャーとしても、球種のことなどで育てられた部分もありました。ゲーム中のアドバイス、配球にしても、ほかの人とは違う感覚。聞くほうとしても疑うことがなかったですよ。若かった自分たちに節目、節目で声をかけてくれて。あれだけのレギュラークラスに言われると、ホッとしましたね。食事に連れていってもらったときの『もっと野球を楽しめ』のように、シンプルに言ってくれる。声をかけてもらって、こっちが考えることはなく、かけられた言葉が直接の答えになっていました」

追い込んだほうが投げづらいバッター

中村が野球人生で大きな影響を受けた落合。選手時代はチームメートとしても、敵チームとしても、その天才的な打撃を至近距離で観察してきた。もし、捕手として今この瞬間に対戦したら、中村はどう考えるのか。

「正直、対策はないですね……。四球でもいいとか条件付きでやらないと。ストライクゾーンに投げたら打たれます。まず、抑えようとすることが想像もつかない。ただ、四球を出してもいいよという条件があるなら、考えて配球しますね。すべてのボールに対してタイミングが合う……ミスショットを待つしかないのかな。もう、恐ろしいですよね。ましてや、ロッテ時代に三冠王を取ったときなんて長打力もあるし、あれだけ成績を残すってことは、やっぱりボール球は振らないですよ」

選球眼も並外れていた。ストライク、ボールの判断もほぼ正確に当てていたという。「落合さんがボールと言ったら、たいていボールでした。自分が『これはちょっとボールかな』と思うと、ちゃんと見送る。ボールの縫い目一つの差でも、『今のボールだな』って言うんです。恐ろしささえ感じた選球眼、もうヤバかったです」

そして、たとえ有利なカウントになっても、いつの間にか打者有利のシチュエーションに持ちこまれていたという。

「どのバッターも8割方、2ストライクまで追い込むと、ほとんどこちらの勝ち。だけど、落合さんの場合は追い込んだほうが投げづらい。そういうバッターは何人かいましたが、落合さんがダントツでした。投げている投手にも「打者・落合」の雰囲気は伝わっていて、吸い込まれるかのような……。追い込んでから、無駄なボール球が2球くらい出てしまう。（元巨人の）斎藤雅樹さん（現・野球解説者）が、どこに投げても打たれる気がすると言っていた記憶がありますね」

一番の打者は落合さん「スキがないですよ」

中村は2019年から中日の1軍バッテリーコーチを2021年まで務めた。2022年は初めて現場を離れて野球を見る。現役時代から引退後も、コーチとして多くの打者と出会った。直接かかわった選手だけでなく、海の向こうで活躍する後進たちの活躍も見ている。しかし、どれだけの時間がたっても一番の打者は変わらない。

「多くのいいバッターを見てきたけれど、落合さんのようなバッターはいないです。あとでイチロー（現・シアトル・マリナーズ会長付特別補佐兼インストラクター）、松井秀喜（現・ニューヨーク・ヤンキースGM付特別アドバイザー）、大谷翔平（現・ロサンゼルス・エンゼルス）も出てきましたが、自分の時代で一番は、やっぱり落合さん。ボール球は振らないし、ストライクは確実に打つ。スキがないですよ」

初めて目にした練習から常識を覆された。選手として、監督としても、的確な言葉と信念を貫く「オレ流」で野球を教えてくれた。扇の要で見てきた天才打者に、弱点はいまだに見当たらない。

「優しくて、野球をわかっている人。できることを100パーセント、ノーミスでこなす人。〝当たり前〟を、当たり前じゃなくさせてくれた人です」

（取材・文／岡田 剛）

証言⑦

落合監督と取り組んだ「打撃改造3年計画」

和田一浩

（元・中日ドラゴンズ外野手）

わだ・かずひろ●1972年6月19日、岐阜県出身。県立岐阜商業高-東北福祉大-神戸製鋼。96年ドラフト4位で西武ライオンズ（現・埼玉西武ライオンズ）入団。2002年に捕手から外野手にコンバート。04年アテネ五輪代表。08年から中日ドラゴンズ。15年に当時史上最年長2000安打達成。右投げ右打ち。

打撃の神様

落合博満は1998年に引退、45歳まで現役を続けた。
中日の監督となって5年目、タイトルホルダーの和田一浩を獲得した。
実績ある35歳に指揮官は言った。
「お前、そんな打ち方をいつまでもしていたらケガするぞ」――。

落合博満監督に、ぐるり360度から観察されたことがある。2008年の春季キャンプ、和田一浩は沖縄・北谷《ちゃたん》の室内練習場でピッチングマシンを相手に2時間、ひたすら打ち続けていた。

2007年のオフ、フリーエージェント（FA）権を行使し、西武ライオンズ（現・埼玉西武ライオンズ）から故郷・岐阜に本拠地が近い中日ドラゴンズへ。移籍当時は35歳になっていたが、成績は年齢を凌駕《りょうが》していた。20代でマークした安打数はわずか149だが、30歳となる2002年に初めて規定打席に到達すると、2005年に首位打者、最多安打のタイトルを獲得。2007年にはプロ通算1000安打、リーグ4位の打率3割1分5厘をマークしていた。

落合監督は遅咲きのスラッガーを、すべての角度からじっと観察した。

「移籍1年目の春季キャンプに入ってすぐに言われました。『お前、そんな打ち方をいつまでもしていたらケガするぞ』『いずれ変えたほうがいい』と。それで2クール、3クール目になって、僕から『バッティングを教えてください』みたいな感じでお願いしました。『じゃあ、練習が終わった後にやるぞ』と言われて、全体練習後に室内練習場へ行きました。『じゃあ、打て』と言われて、マシンを相手に1時間ほど何も言われないまま打ち続けました。そこで一言、二言言われて、また1時間。合計2時間、ずっとほとんど何も言わない。横から後ろから、僕の打撃を全部の角度からずっと見て

CHUNICHI
5

いるだけ。そのとき、『こうしろ、ああしろ』はほとんどなかったです」

「競争させる気はない」選手本人に責任を持たせる

和田の打撃フォームは独特だ。オープンスタンスで、左足を高々と上げて打つスタイルは「すくい上げ打法」と呼ばれた。大学・社会人を経て1996年にドラフト4位で西武に捕手として入団したが、当時のチームには捕手として黄金期を支えた伊東勤がいた。打撃でアピールするしかなかった。

当時の土井正博1軍打撃コーチから体が開く癖を指摘されてオープンスタンスに変え、打撃でレギュラーをつかむべく、のちに1軍打撃コーチ補佐となった金森栄治(現・早稲田大助監督)と二人三脚でフォームをつくりあげた。

高めでも低めでも、来たボールに対してタイミングが合えば打ちにいけるようになり、最後は右手で押し込んで強い打球を放つ――。松井秀喜(現・ニューヨーク・ヤンキースGM付特別アドバイザー)、イチロー(現・シアトル・マリナーズ球団会長付特別補佐兼インストラクター)を凌《しの》ぐといわれる驚異的なスイングスピードでボールの下を叩き、強烈なバックスピンをかける打撃が特徴となった。その打球はライナーかと思いきや、スタンドインすることも。低い打球がみるみる伸びていく。和田ならではの弾道は、野球人生同様に大器晩成型だった。

移籍後初の春季キャンプ。その半ばに「バッティングを教えてください」と願い出る少し前、和田はキャンプイン早々に落合監督から「お前を（ほかの選手と）競争させる気はない」と言われたという。開幕に合わせて自己管理して仕上げてこい、ということを意味していた。

「最初は素直に受け取れませんでした。そのときはまだ、落合さんのことをわかっていなかったので、最初は『何でこんなこと言えるのかな』と驚きましたね。そのあたりの腹のくくり方は、やっぱり落合さん。認めてくれていたかどうかはわからないですが、使うと決めている選手に責任を持たせるという部分はすごくあるんじゃないかな。でも、最初はそんなことはわからないので、『よく言えるなあ』と当時は思いました。というのも、リーグも変わったし、チームを移ること自体が初めてだったので、僕自身が不安だったんです。周りの選手がどんなレベルかも知らないし、未知数なわけです。FA移籍で失敗する選手も少なくないじゃないですか。前のチームにいて出せる成績とは絶対に違うものになるので、プレッシャーもありました。それなのに、『お前を競争させる気はないから』と。ですが、終わってみて考えると、『一人前の選手なんだから、ちゃんとそのぐらいの責任を取れよ』という意味合いだったんだなと。厳しさも含めての言葉だったと思います」

「シンプルに打て」

和田は三冠王に「教えてください」と素直に教えを請うた。しかし、逡巡《しゅんじゅん》した結果、移籍1年目については、これまでの打撃フォームで勝負させてほしい、と伝えている。和田は球界きってのナイスガイと言われ、試合に負けても、若手の記者が相手でも、礼儀正しく取材に答える人物。どんな相手にも自分の意思を穏やかに、かつ明確に伝えることができた。

「1年目については『今までのフォームで勝負させてください』とはっきり言いました。落合監督は（その後は打撃改造について）何も言わなかったですが、シーズンに入ってからは、タイミングの取り方についてよく見てもらっていました。『オレが見ているから、調子が悪くなったらいつでも戻してやる』と。結局、1年目のシーズンは打率3割ちょっと（3割2厘）、本塁打は16本しか打てなかった。年々、長打が落ちてきたことは感じていましたし、打率も3割前後をうろついて、打点も長打も物足りない数字でした。それで、2009年のキャンプのときに落合さんに『変えます』と言ったんです。そうしたら『わかった。じゃあ（完成まで）3年を目指してくれ。お前のバッティングは直すのに3年かかる。ちょっとずつ直すぞ』と」

西武時代は、外野手でレギュラーをつかんだ2002年から長打率は3年連続で6

割台。2005年に5割7分3厘、そして2006年からは4割台に落ちていた。

移籍2年目、和田と落合監督の〝打撃改造3年計画〟が始まった。最初の課題は「大きい邪魔な動きをなくせ」だったという。

「無駄を省けということ。基本はシンプルに打てということです。僕の場合はすごいオープンスタンスから足を上げて、スクエアに足が入って打つというスタンスだった。そういう無駄な時間をなくしていけと。落合さんはすごく『時間』について言うんです。ピッチャーがセットポジションに入ってからボールを投げるまで、この〝来る時間〟を有効に使えという言い方をする。僕は足の上げ方が大きかったり、バッティングに予備動作がすごく必要なんです。なので、それだけタイミングを合わせられる時間もないし、いろんなことをしなければいけない時間が長かった。だから落合さんは、準備を早めにして打てる状態をつくる、そのために余計な動きはいらないと言うんですね。『そういうものを省いて、もっと楽に打てよ』『シンプルに打て、シンプルに打て』と。僕の場合は、逆に動きをつけたようなバッティングだったので、それをちょっとずつ削っていくという作業でした。いきなりポンとはできないから、3年かけての完成をイメージしてやっていくことになったんです」

落合の打撃指導は「手を先に使え」

落合監督は1993年のオフ、導入されたばかりのFA制度を利用して読売巨人軍へ40歳で移籍した。1998年、45歳までプレーして日本ハムファイターズ（現・北海道日本ハムファイターズ）で現役を終えている。和田は35歳でのFA。最後まで超一流の打者として活躍した三冠王は、ベテランになってもなお挑戦を続ける〝努力の人〟に打撃理論を伝えようとしていた。その指導はいつ何時、どこにおいても行われたという。

「試合前、試合後、とくに試合が終わってからは結構ありましたね。本拠地の試合が終わってからマシンを打ったり、スイングルームで調整したり、素振りをしたりするじゃないですか。そのときにひょこっと現れて、『ここがズレているから、こうなっている』とか。試合後に打っていたら帰り際に一言、修正点を挙げて『やっておけ』。そういう感じですよね。ビジターでも、調子が悪くてどうしようもないときは、メイン球場から外れて室内練習場で打っていたのですが、室内ではつきっきりで教えてもらいました。遠征先で宿舎に帰っても、食事会場でもバッティングのことはいろいろ聞きましたよ。たぶん、技術的なことは僕が一番聞いていたと思います」

食事会場では落合監督から「ちょっとこっち来い、一緒に食うぞ」と呼ばれることがあった。その席上は必ず野球談議に花が咲いた。

「落合さんはそういう時間がすごく好きだった。だから、選手みんなで食事会場に行くと、野球の話が終わらなくなるみたいな話になっていましたね。そういうところでバッティングに関する話は一番してもらったかなとは思います。ずっとパ・リーグでやってきた自分の実績だったり技術だったり、自分ではある程度持っているつもりでした。けれど、打者としてのランク的に言えば、落合さんの実績に比べて落ちる選手だったので、落合さんのバッティングはどういう仕組みなんだろうという興味がすごくあったんです」

落合監督は、打撃において「小指」を重視していたことが知られている。バットは手のひらの中央で握り、インパクト時に右打者であれば、左手小指からバットを握っていく、というイメージ。剣道の竹刀の握り方とも似ている。和田が繰り返し指摘されたポイントは、「手を先に使え」だったという。

「指一本一本の使い方、その使い方の種類、バットの扱い方、グリップ、力を入れていく方法、ボールの捉え方……。体の使い方について多くのことを言われました。ただ、選手はすべて同じではないので、僕に対しては僕への言い方があるし、ほかの選手に対してはほかの言い方がある。その区別をつけるのがすごく難しいんですが、基本的に細かく腕をこう使え、ああ使えとは言われない。たとえばヘッドを走らせるための足の使い方――『そうするためには、どう体を使うのか』ということですね。感覚的な部分もあります。落合さんは絶対に『手を先に使え、手を先に使え』と言う。『基本的にバットは振り遅れるから、手を先に使いにいくくらいで遅れずに済む』と」

チームバッティングの象徴・右打ちを「お前はするな」

37歳で迎えた2009年、和田は主に「5番・左翼」としてフル出場を果たした。チームは前年の3位から順位を1つ上げ、個人成績では打撃部門の打率、安打数、本塁打、打点、長打率、出塁率でトップ10入り。前年まで3年連続で4割台に落ちていた長打率は5割3分2厘まで戻し、史上92人目のプロ通算200号本塁打もマークした。不惑の年齢を目前に、ベテランは進化を遂げた。

パ・リーグからセ・リーグへ。移籍1年目の戸惑いを振り払い、2年目以降の好結果へ導いてくれたのも落合監督の一言だった。チームバッティングの象徴と思われている「右打ち」について、「お前はするな」と断言された。

「チームのなかで、僕が求められているのはそこじゃなかったということ。僕の勝手なイメージなんですが、セ・リーグとパ・リーグは野球が違うと思っていた。パ・リーグでは、僕はホームランや打点を稼ぐことが自分の仕事だと考えていたので、右打ちをしたことがなかったんです。必要もなかったし、求められていないと。ただセ・

セ・リーグ優勝カップを手に谷繁元信（左）とポーズ。打撃改造計画2年目の2010年、和田は38歳にしてキャリアハイの数字を残した

リーグに来て、たとえばランナーが二塁にいるときに引っ張ったりすると、マスコミにも『何で右打ちしなかったんですか』と聞かれることがたびたびあったんですよ。『いや、オレは打って、（走者を）還す仕事だし』と思っていたんですが、『気にしなきゃいけないのかな』と。それで、できもしないことをちょっとやっていた時期があったんですね。よそ行きの野球をやらなきゃ、みたいな」

勝負に徹する監督。その姿勢は試合前の練習ひとつにも表れていた。体に故障を抱えている場合、試合前の練習は回避して試合で結果を出せばいい――。他球団ではほぼ見られない指針だった。

「試合で結果を出すためにはどうするんだ、という逆算です。試合に出られる状態をしっかりつくっておくかがすごく大事ですし、そう言われてもいました。体調が悪かったら『じゃあ、試合前の練習は休んで、試合だけ出ればいいじゃねえか』というのもありました。たとえば足が痛くて動けないときに、自分で軽くウオームアップだけして試合に備えることを認めてくれた。野球は団体競技なので、結構周りの目を気にして動かなきゃいけない部分があったのですが、それがなくなった。試合に出られるか、出られないかだけ。結果を求める方だったので、試合ができる状態さえつくっていれば何も言わない。そういう意味ではやりやすかったですよ」

絶対に論理破綻しない落合のバッティング理論

「打撃改造計画」2年目となった2010年、和田は38歳でキャリアハイの成績を挙げた。ペナントレースでは2年連続フル出場を果たし、チームも2006年以来のリーグ優勝。打率3割3分9厘、93打点の好成績を残し、37本塁打とタイトル獲得の出塁率4割3分7厘は自己最高の数字だ。長打率は西武全盛期に匹敵する6割台の大台まで盛り返し、打者の能力を示すOPS（出塁率と長打率を足した値）は1・061をマーク。最年長記録となるリーグMVPを獲得した。

巨人と対戦したクライマックスシリーズ（CS）のセカンドステージでは本領を発揮した。10月23日の第4戦（ナゴヤドーム、現・バンテリンドーム）で9回1死一、二塁の場面で巨人のリリーフ二枚看板「風神雷神」の久保裕也の初球を叩くと、低い軌道の打球が伸びて左翼・ラミレスの頭上を越えていくという和田ならではの一打でサヨナラ勝ち。3年ぶりの日本シリーズ進出を果たした。

「結局は辻褄《つじつま》が合わなければいけないんですよ。『プロ野球選手の言うことは絶対に正しい』と思われることが多いですが、プロの世界でも指導者の世界でも辻褄が合っていないことが案外と多いんです。バッティングに関しても『何で?』と疑問に思うことが、いろいろ出てくるじゃないですか。それで疑問点を聞くと、わかってない人が結構いる。『そうなるんだから、そうなるんだよ』という答えが返ってくる。言葉にできない原因は結局、辻褄が合わなくなるからなんです。体をどう使っていくのかという道順が一本の道で通らない。でも、落合さんは、言うこと全部が一本の道でつながる。動きの理由が明確な言葉で答えとして出てくる。たとえば質問されても、人によって本質が変わることは絶対にない。落合さんは辻褄が必ず合うんです。僕も早い段階では気づいてないですよ。1から10までいろんなことを聞いていって、最後に10まで聞いたときに『ああ、そうか。1で言っていたことと、10で言っていることは結局、辻褄が合うな』と思ってから、全部がつながりました。10まで聞けたのは2010、2011年あたり。最後のほうですね」

落合政権で若手が台頭しなかった理由

2004年から始まった落合政権では、壮絶なレギュラー争いが繰り広げられていた。しかし、長年三塁のレギュラーだった立浪和義（現・中日監督）が2006年から森野将彦（現・中日2軍打撃コーチ）に定位置を明け渡した例はあったが、大局的には選手が日替わりで出場するチームではなかった。実績のある中堅・ベテランが結果を残しながら出場し、若手が何とか追い越そうと追走する。だが、中堅・ベテランも進化するため、なかなか追いつけないというハイレベルな様相を呈した。

「今はないかもしれないですが、一昔前は日本式というか、一生懸命やっているヤツを使う、みたいなことがあったじゃないですか。確かに頑張っているヤツを使うのも一理あると思いますが、落合さんはそういう判断はまったくない。できるか、できないかだけなので、結果さえ出しておけば、とくに何も言わない人でした。そのシビアさは選手もやっぱり肌で感じるので、よっぽど『使える』と思わせないと（若手のレギュラー獲りは）無理だったと思います。使える選手であれば、控えでもたとえば英智《ひでのり》（現・野球解説者）は守備固めで必ず入れていたし、試合のパーツに入ってきていたじゃないですか。たまにレギュラーがケガでいないときに、カンカンと打ってきてそれを続ければ、『あいつ、使えるな』となる。だから、打てば使ってくれるんです。すべては結果です。その少ないチャンスをものにできるような選手が多くはいなかったということだと思います」

「最善の選択」を厳しいと取るか、プロフェッショナルと取るか。西武の黄金期終盤を経験している和田にとって、落合監督の方針は納得の範疇《はんちゅう》だった。

「厳しい環境でやっている経験がないと、『この人はシビアだな』と思うかもしれないけれど、当たり前と言えば当たり前なんですよ。その場にいたら『そうだよな』と思わされる厳しさですし、そこに染まっていくと、監督が何をやったらダメだと考えているのかがすごくわかる。自力で感じ取ってやることができないとダメなんだなと。そうすると、選手としてどんどん洗練されていきます。そんな状況でレギュラーとして試合に出続けていたら、若手はベテランを抜けないですよね。出ている選手がどんどん伸びていっちゃうので、若い選手が突き上げていくことができない。だから、レギュラーを抜ける選手がなかなかいなかったんです」

打撃改造2年目でキャリアハイの成績

和田のフォームは変化していた。オープンスタンスはスクエア気味となり、高く掲げた両手でバットを上下に動かしながら間を計った。投手がテークバックに入ると同時に上げる左足の高さは以前よりもコンパクトに。落合監督の打撃理論を咀嚼《そしゃく》し、体の使い方は「テニスのフォアハンド」をイメージし、自分の体に合わせていった。

２０１０年にキャリアハイの成績を残し、ついに「打撃改造3年計画」の最終年となる２０１１年を迎えた。その春季キャンプで、和田は落合監督から驚きの言葉を受け取った。

「いろんなバッティングの理論について、落合さんとかなり会話しました。バッティングの仕組みを1から10まで全部教えてもらいました。落合さんの足元にも及ぶことはまったくないのですが、一歩近づけたな、もうちょっとで近づけるんじゃないかなと思った瞬間があったんです。２０１１年のキャンプでは最終的に、スクエアスタンスで打つところまでいったときに、『これができたら、オレはもうお前に教えることはない』という言葉をもらった。逆に言うと、『これができたら、オレはお前のことを認めてやる』というような一言だったと思うんです。だから、たぶんそこまで近づけたのかなという感覚はすごくありました」

オープンスタンスが体にこびりついていた

長年体にしみこませてきたオープンスタンスをスクエアスタンスに変える。しかし、この習得は困難を極めた。

「ちょっとずつよくなった。間違いなくよくなったんです。打撃改造は２０１１年で完成する予定だったのですが、僕は最後、完成するまでやり切れなかった。技術的な部分もあったたし、すごく難しかった。落合さんの理論としてはスクエアスタンス。僕の体には、西武に入ってからやってきたオープンスタンスがこびりついていたんです。たぶん、僕には時間が足りなかった。やり切るまでには、ちょっと年齢がいってしまっていたのかな、という言い訳をしています（笑）。ただ、辻褄としては、それが理想は理想なんです。それができれば一番シンプル。本当にノーマルのポジションです。それができるかできないかで言えば、僕にはそれまでのフォームがしみついていて、すごく難しかった」

２０１１年シーズン、打率はプロ3年目の１９９９年以来となる2割台、12本塁打にとどまった。「（走者を）還すのが仕事」という打点は54、前年6割2分4厘だった長打率も3割台に落ち込んだ。

「結果的に２０１１年はちょっとうまくいかなかった。そのタイミングで落合さんも辞めることになった。その続きがどうだったのかな、というのはありましたけど。『オレはお前に伝えることはもうない』というところまで来たのは、ある意味、一番重い言葉。たぶん、なかなか認めることはしない方なので、あと一歩で認めてくれるところまで来たのかなという気はしました」

タイトル、個人記録を重視～選手は「数字」で評価される

落合監督は現役時代、ロッテ・オリオンズ（現・千葉ロッテマリーンズ）時代の1982、1985、1986年と史上初の3度の三冠王に輝いた。通算では首位打者、本塁打王、打点王は各5度。1985年当時のシーズン最多打点記録など、数々のタイトルと記録をプロ20年間で積み上げてきた。

タイトルがかかった選手への配慮はもちろん他球団でも行われるが、落合監督は「打率3割」にも気を配ってくれたという。

「タイトルは極力『獲れるんだったら獲れ』。順位争いが終わっている段階で、タイトル争いになる時期にはピッチャーのイニング数も含め、タイトル、個人記録の数字をすごく気にかけてくれました。打率のことも残り5試合くらいになると、『お前、3割打ちたいか』と聞いてくれるんです。『打ちたいです』と言うと、3割を維持するための緻密な計算をして『ここまでの期間なら、あと5タコまでは許されるから』、3割を切りそうになったら『もう休め』と。たぶん、落合さんが選手を測る尺度が数字なんですよ。だから王貞治さん、野村克也さん、投手では金田正一さん……落合さんは、偉大な数字を残している人のことを『すごい』と言うんです」

落合監督は和田がスクエアスタンスに苦しんだ2011年を最後に退任した。和田

はその後も数字を積み上げた。フル出場した2012年にプロ通算3000塁打、2013年には通算350二塁打をマークした。

2014年8月には死球で右手首を骨折し、11月に右膝手術に踏み切った。ケガとも戦いながらプロ19年目の2015年、偉大な記録を打ち立てた。6月11日千葉ロッテマリーンズ戦（QVCマリンスタジアム、現・ZOZOマリン）でプロ通算2000安打を達成した。中日の谷繁元信（現・野球解説者）の42歳4カ月を抜く42歳11カ月での最年長記録。大学・社会人を経由した選手では、大学中退後に社会人入りした落合監督を除くと古田敦也、宮本慎也（ともに現・野球解説者）に次いで3人目。20代で一度も規定打席に達していない選手の達成は史上初だった。

ベテラン扱いされなかったおかげで選手寿命が延びた

「ベテラン扱いをされなかったおかげで、すごく選手寿命が延びたと思います。逆に新鮮だったんですよね。ムチを打ってくれたので、体のサビが取れました。キャンプでもやらなきゃダメだ、と思えるようになりましたね」

振り返れば、中日に移籍した2008年の春季キャンプでは「競争はさせない」と言われながらも、練習メニュー自体は若手選手とまったく同じだった。西武時代であれば、ベテラン勢はランニングメニューで免除される項目もあり、他球団では昼ぐらいに宿舎へ帰る選手もいる。和田は落合監督が指揮を執る中日に移籍したことで、36歳になる2008年から、3時間にわたる打ち込み、ランニングメニューをフルでこなし続けた。

通算成績は1968試合出場、打率3割3厘、319本塁打、1081打点。2000安打を達成した2015年、プロ19年目のシーズン後に引退した。落合は45歳になるシーズンで引退、和田は43歳だった。

「40歳になっても追い込んでキャンプができたし、長く現役を続けられたのは、『全力疾走を常にやれ』と言われていたから。40歳くらいになると、みんなランニングで流したりするじゃないですか。ああいうのがまったくなかった。常に全力。谷繁さんもみんな常に走っていたので、選手寿命を延ばしてもらえました。2000安打もそのおかげかなと思います。ベテラン扱いって、必要ないんだなと思いましたね。ベテラン扱いすると、逆に選手寿命が短くなる。ちょっとたるみかけていたところを軌道修正して、若手の頃のように一生懸命練習ができた。僕は落合監督のドラゴンズにいたおかげで、43歳までできたのだと思います」

（取材・文／丸井乙生）

証言⑧

捕手として対戦し、コーチとしても仕えた

秦 真司

（元・中日ドラゴンズ
1軍捕手コーチ）

シンプル・イズ・ベスト

落合博満は現役時代、低めの球を悠々と見送っていた。
ヤクルトスワローズの捕手・秦真司は打ち取っても不気味で仕方がなかった。
のちに落合政権下の中日ドラゴンズにコーチとなって気がついた。
「打者・落合」は、野村ID野球で学んだ理論とは真逆の野球だった。

はた・しんじ●1962年7月29日、徳島県出身。鳴門高 - 法大。84年ドラフト2位でヤクルトスワローズ（現・東京ヤクルトスワローズ）入団。2000年引退。通算1182試合、打率2割6分2厘、97本塁打、341打点。引退後はNPB複数球団でコーチ。右投げ左打ち。

「三冠王を3度も獲れた理由は、そういうことだったのか……」

秦真司が長年抱いていた「落合博満」という大打者の謎は、現役引退から4年後に解明できた。中日ドラゴンズ・落合監督から直接オファーを受け、捕手コーチに就任したばかりの2004年秋のことだった。

秦は地元・徳島県の名門・鳴門高校で捕手として1980年、甲子園に春夏出場を果たした。東京六大学リーグの強豪で、田淵幸一（現・野球解説者）ら名捕手を輩出した法政大学では2度ベストナインに選出。1984年のロサンゼルスオリンピックでは金メダルに輝いた。当然プロからも注目され、1984年にドラフト2位でヤクルトスワローズ（現・東京ヤクルトスワローズ）に入団した。

プロ入り当時は、即戦力捕手として大きな期待を寄せられていた。プロ1年目から控え捕手となり、1988年に関根潤三監督就任とともに正捕手の座をつかんだ。

その頃、落合はすでに3度の三冠王という偉業を成し遂げていたが、1986年オフに当時所属していたロッテ・オリオンズの稲尾和久監督解任劇に端を発した騒動により、中日にトレードされることに。中日はその天才打者をプロ野球史上初の1億円プレーヤーとして華々しく迎えた。

三振を奪っても攻略した感触はなかった

落合のセ・リーグ移籍初年の1987年から、捕手として何度も対戦した。三振を奪ったこともあった。しかし、攻略できたという感触はただの一度も味わうことはなかった。

「キャッチャーからすると、落合さんは困り者でした。僕らの時代はとにかくボールに食らいつけという教えが主流。だから、見逃し三振なんかしようものなら、『そんなもん、プロやなくても誰にでもできるわ！』とめちゃくちゃ怒られたものです。だから、とにかく『見逃しだけはしちゃいけない』というプレッシャーがありました。それが当時は当たり前だったんです。ところが、落合さんだけは見逃し三振をしても、いっこうに悔しがりもせずに平然とベンチに帰っていく。逆にこちらのほうが何だかしっくりこないというか、気持ち悪さが残りました。『何でなんやろ？　何を考えてるんかな？』と当時は不思議で仕方がありませんでした」

希代の大打者に、当然甘い球は禁物。アウトローや当時唯一の弱点といわれていたインコースを攻めるなど、秦は凡打狙いの配球をあれこれ考えて、投手にサインを送っていた。ところが、選球眼のいい落合はボール球には絶対に手を出してくれない。

「ピッチャーにしたら、ベスト・オブ・ベストの低めいっぱいやアウトコースぎりぎりのボールを投げたら、バッターは普通ストライクゾーンに少しでもかかるボールは絶対に打ちにいこうとするはずなのに、落合さんだけは微動だにせずに見送る。それが不気味で怖かった。こちらの手に引っかかって凡打するのではなく、『オレは、そこは絶対に打たないよ』と平然と三振して帰るもんだから、たとえアウトにしても『よし！』と心のなかで思わずガッツポーズするような、そんな喜びに浸ることは一度もありませんでした。結局、落合さんがなぜ打ちにいかないのか、その理由は現役時代、最後までわかりませんでした」

秦はプロ6年目の1990年、野村克也監督がヤクルトの新指揮官に就任してからまもなく、強打を生かして外野手への転向を命じられる。捕手としての対戦がなくなった落合とは〝ニアミス〟を繰り返した。1994年には、秦が10月6日の読売巨人戦（神宮）で勝ち越し3ランを放ったことで、あの「10・8」、優勝決定戦となった中日—巨人戦（ナゴヤ球場）を生み出し、同年にフリーエージェント（FA）権行使で巨人に移籍していた落合が優勝を味わった。

秦は1998年オフ、プロ14年間を過ごしたヤクルトから日本ハムファイターズ（現・北海道日本ハムファイターズ）へ移籍し、背番号3をつけた。それは45歳を目前に日本ハムで引退したばかりの落合がそのシーズンまでつけていた番号だった。

野村監督は配球を読む 落合は自分のストライクゾーンで打つ

中日のコーチ就任を正式に打診されたのは、2004年6月。当時は落合監督が就任して1年目、政権発足まもなくだった。

「驚きましたよ。だってまだ開幕して2～3カ月の頃でしたからね。ただ、やっぱりすごくうれしかったです。古巣から呼ばれるのとはまた違って、落合さんとは現役時代は敵だったわけですからね。『キャッチャーについては、お前にすべて任せるから』ということでした。当時正捕手だった谷繁（元信、現・野球解説者）と、二番手捕手の育成を頼むと。正式に引き受ける連絡をしたのは、9月に入ってからでした」。

同年11月に沖縄で行われた中日の秋季キャンプでは、落合監督のある一言に目の覚める思いがした。我流の指揮官は普段、選手に口やかましく言うことはない。その落合監督が明確に指示を出した。「自分が低めだと思って見送るのはOK。それで三振しても構わない」。その言葉を聞いて、ハッとした。

「そこまで割り切った考えをしていたから、見逃し三振をしても平然としていたんだなと。結局、自分自身のストライクゾーンにボールが来るまで待つという姿勢なんです。ピッチャーがコーナーに投げ分けながらバッターを幻惑させようとしても、落合さんにはそれがまったく通用しない。なぜなら、自分のストライクゾーンから少しでも外れたボールは、絶対に手を出さないと決めているからです。自分が打てるところに来たボールしか打たないわけですから率が上がるのは必然ですし、ホームランにする確率も高くなる。極端なことを言うと、低めとアウトコースを除いてしまえば、バッターはとても打ちやすくなるんです。でも、僕ら普通のバッターは『見逃しちゃいけない』と思うから、そういう難しい球にまで、ついバットを振ってしまう。カウントでノーボール2ストライクに追い込まれてからだと、率がガクッと下がるのはそのためです。手を出す範囲を絞っている落合さんに比べて、普通のバッターは見逃しをしないようにと広範囲のボールに手を出しちゃう。そうすると、当てにいくバッティングだから、結局は凡打に倒れる率が高くなる。そもそも『三振をしてもいいよ』なんて言う監督はいなかったから、手を出す範囲を小さくするなんて発想は出てこなかったんです」

それはデータを駆使し、科学的根拠を基に戦略を立てる「ＩＤ野球」で、ヤクルトを4度のリーグ優勝、3度の日本一に導いた、知将・野村克也監督とは真逆の考えだった。

「野村さんの場合は、どちらかというと相手ピッチャーの配球を読むことが先決。〝なくて七癖〟といわれるピッチャーの傾向を読み、状況判断をしたうえでヒットを打てる確率が高いボールを打ちにいく。でも、落合さんは自分のストライクゾーンにボールが来るか来ないか。来たら打つし、来なかったら見逃す。ただそれだけなんです。だから、相手ピッチャーによって変えることはありません」

確率のスポーツといわれる野球に対して、両者ともに求めているのは同じくヒットを打つ確率の高さであることは間違いない。しかし、その確率へのアプローチの仕方が、名将・野村監督と天才・落合監督とではまったく違っていたのだ。

〝選手ファースト〟が強さの秘密だった

落合監督の8年間、中日は一度もBクラスに落ちることなく、4度のリーグ優勝を達成し、2007年には53年ぶりの日本一という輝かしい成績を残し続けた。その背景には落合流の〝選手ファースト〟があったからだと秦は考えている。

「監督やコーチによっては、保身に走る人もいるんですよ。そういう人は決して『三振してもいい』なんてことは言いません。選手の成績が悪ければ、指導のせいだと自分が首を切られるかもしれないですからね。でも、落合さんは選手のことを考えて、シンプルな答えを提示してくれていた。だから選手も、難しいことを考えなくていいわけですから、すごくやりやすかったと思いますよ」

シンプルな方針は戦略にも表れていた。たとえば無死一塁の場合、必ずと言っていいほど送りバントのサインを出すのが〝落合竜〟のセオリー。就任期間中に激しい優勝争いを繰り広げたヤクルト・野村監督や巨人・原辰徳監督（現・巨人オーナー付特別顧問）のように一球一球、ボールカウントごとに細かくサインは出さない。どんなカウントになっても、一度出したサインを途中で変えることは、ほとんどなかった。

アライバでさえも新人のような練習量

〝落合流〟は驚きの連続だった。2004年秋季キャンプをはじめとする練習量は、想像をはるかに超えていた。

「落合さんは現役時代から、よく〝オレ流〟といわれていたので、好きなときに好きなだけ練習をして帰る、というイメージがあったんです。その落合さんが監督をしている中日の練習も、そんな感じなのかなと思っていたら全然違った。これまで見てきたどの球団と比べても、ダントツの練習量でした」

当時、鉄壁の二遊間コンビとして活躍していた「アライバ」こと、荒木雅博（前・中日1軍内野守備走塁コーチ）と井端弘和（現・侍ジャパン監督）でさえ、まるで新人のような練習量をこなしている。

「彼らは、朝8時くらいからグラウンドに出て1時間半から2時間くらいずっと特守を受けるんです。その後、全体練習に入るんですけど、メイン球場と室内練習場に分かれて、全員がずっとバッティング練習で打ちっぱなし。普通はバッティング練習って1〜2時間くらいなんですよ。なのに当時の中日は夕方、日が暮れるまでやり続けるんです。同じコーチの宇野さん（勝、現・野球解説者）に食堂で会ったとき、『立っているだけで、こんなにつらいんだから、選手はものすごく大変やろな』と言っていましたが、まあ、とにかくすごかったですよ。もちろん、春季キャンプの練習量もすごかった。僕の現役時代、ヤクルトもよく練習したほうだと思っていましたが、まったく比較にならなかった。野村さんはとにかくミーティング、ミーティングでしたからね。練習よりもミーティングの時間のほうが長かったかもしれません（笑）」

落合は監督時代、ほとんどミーティングをしなかった。とにかく、ありったけの時間を練習に費やした。だからこそ「夏場以降にチームの状態がよくなることはあっても、絶対に悪くなることはない」と、選手たちのスタミナに自信を持っていた。そしてもう一つ、目をかけた選手の育成方法も独特だった。

「落合さんは、選手に対してもすごくドライでした。1年目は全員にチャンスを与えるけれど、プロとしてやれるだけの体力がないと思った選手はスパッと切ります。その半面、鍛えれば大成するな、と思う選手にはとことん厳しい練習を課すんです」

森野へのノックは普通じゃなかった

落合流の育成によって飛躍した選手の一人が、森野将彦（現・中日2軍打撃コーチ）

だった。当時、野手では高代コーチらがノックバットを握った特守がよく行われていた。落合監督は、森野には自らバットを持ってノックの雨を降らせた。その方法はオリジナリティーにあふれていた。

「当時はまだ立浪（和義、現・中日監督）がいましたが、落合さんはその後釜に森野を考えていたのだと思います。でも、鍛え方が普通ではなかった。三塁手へのノックって、三遊間や三塁線、あるいは三塁手の前後に打ちますよね。ところが、落合さんは時折、ファーストのほうに向かってノックするんですよ。しかも、その打球を森野に追わせる。高代さんは『これは虫けらノックって言うんだよ』なんて言っていましたが、あんなノック、後にも先にも落合さんだけ。どこに飛んでくるかわからないボールに対して、いつでも自分が捕るという意識を持つことで、いざ自分のところに来たときに準備万端の状態で守備ができる。そしたらミスも少なくなりますよね。森野を一流の三塁手にするために、そういう意識づけをさせようとしていたんじゃないかなと思うんです」

〝秘密主義〟で知られる落合は噂どおり、コーチ陣にさえも担当部門以外の情報は一切流さなかった。そのため、捕手コーチの秦は捕手以外の野手はもちろん、当日の先発投手さえ知らなかった。監督時代の落合は〝マスコミ嫌い〟とされており、記者の質問に答えないことは珍しくなかった。

「落合さんはリスクを減らすために必要なこと以外はしないでおこう、という考えだったように思います。『ファンあってのプロ野球』という野村さんや原さんはプロ野球の一面を〝興行〟と捉えていて、マスコミともうまく付き合って一緒に盛り上げていこうとされていた。だから、サービス精神旺盛なお二人に比べて、何も発信してくれない落合さんに対して、不満を抱くファンもいたかもしれません。でも、落合さんは選手や球団を守るためにリスクを減らし、とにかく勝利にこだわった。〝勝利第一主義〟はファンにとっても選手や球団にとっても、勝利こそが一番の喜びだという考えがあったのだと思います」

「2年契約が満了しました。更新はしません」

秦にとって中日のコーチ時代の一番の思い出は、リーグ2位だった前年の雪辱を果たして勝ち取った2006年のリーグ優勝だ。握手をしながら落合に「よかったな」と言われたとき、少し恩返しができたように思えたからだ。

当時、オフ期間は茨城県つくば市の筑波大大学院へ通い、動作解析について学んでいた。日本シリーズでは北海道日本ハムファイターズに1勝4敗で敗れ、日本一にはなれなかったが、秦は心の内で来季の雪辱を期していた。北海道から空路、愛知県名古屋市へ戻ると球団から呼び出された。「2年契約が満了しました。更新はしません」。

当時の伊藤一正球団代表からそう言われた。

「2年契約という約束でしたから、まあ、それだけのことと言えばそうだったのですが、かなりショックでしたね。単身赴任をしながらも、とにかく『中日のために』という気持ちで一心不乱にやってきましたし、リーグ優勝もしていましたから。もしかしたら来年もチャンスをもらえるかもしれない、という淡い期待を抱いて事務所に行ったのですが……」

すでに、後任の捕手コーチは田村藤夫（現・野球評論家）に決定していた。「そういえば、シーズン中から球場でよく見かけていた。そうか、そういうことだったのか」。思えば、秦自身もそうだった。6月の段階で落合から翌シーズンの打診を受けていた。同じように当時リーグ優勝をしたにもかかわらず、解任された前任のコーチは、きっとショックを受けていただろう。「わかりました。お世話になりました」。それだけ答えて、ロッカーの荷物整理にとりかかった。

その日の帰り道、行きつけの中華料理店に立ち寄った。お世話になったマスターに別れの挨拶をしたいと思ったからだ。店のドアを開けると、マスターは威勢のいい声で激励してくれた。「秦さん、また来年も頼むよ！」。解任されたことを正直に告げると、「え！　そうなの!?　残念だなあ。また来年もやってもらえると思っていたのになあ」。マスターの気持ちがうれしく、出された餃子《ギョーザ》をほおばりながら、涙が止まらなかった。

「もちろん、当時は悔しかったですよ。ショックも本当に大きかったです。ただ、契約は契約。仕方ないよな、と割り切るしかありませんでした」

現役時代にわからなかったことが解明できた

中日との契約満了から15年の歳月がたった。秦は指導者としての道を歩んだ。2008〜2011年にBCリーグ群馬ダイヤモンドペガサスの監督を務め、育成ドラフトで日本人捕手2選手をNPBへ送り出した。2012〜2017年は巨人の1、2、3軍のバッテリーコーチを歴任した。2019年には巨人ファームバッテリー兼打撃コーチとなり、現在は野球解説者を務めている。

あれから落合とは会っていない。中日のコーチ時代、単身赴任の秦が独り暮らしをしていた場所は落合が所有するマンションだったが、お互いに電話で言葉を交わすこともなく、秦は名古屋を去った。

「中日での2年間で学んだことは本当にたくさんありました。それこそ、現役時代にわからなかったことが解明できたのも、中日に呼んでもらったからこそ。だから、今は貴重な経験ができたなと、感謝の気持ちしかないです」

（取材・文／斎藤寿子）

証言⑨

落合・中日にテスト入団した「巨人ドラ1」

河原純一

（元・読売巨人軍、中日ドラゴンズ投手）

かわはら・じゅんいち●1973年1月22日、神奈川県出身。川崎北高‐駒大。1994年ドラフト1位で読売巨人軍入団。プロ3球団、独立リーグを経て2015年に現役引退。NPB通算成績は275試合登板31勝42敗40セーブ、27ホールド、31ホールドポイント、防御率4.26。右投げ右打ち。

オレ流再生工場

読売巨人軍の悩める〝ドラ1〟を再生させた。
落合博満が現役終盤を過ごした巨人で2年間交差した野球人生。
戦力外通告を受けた右腕・河原純一に、
中日ドラゴンズの監督・落合は手を差し伸べた。

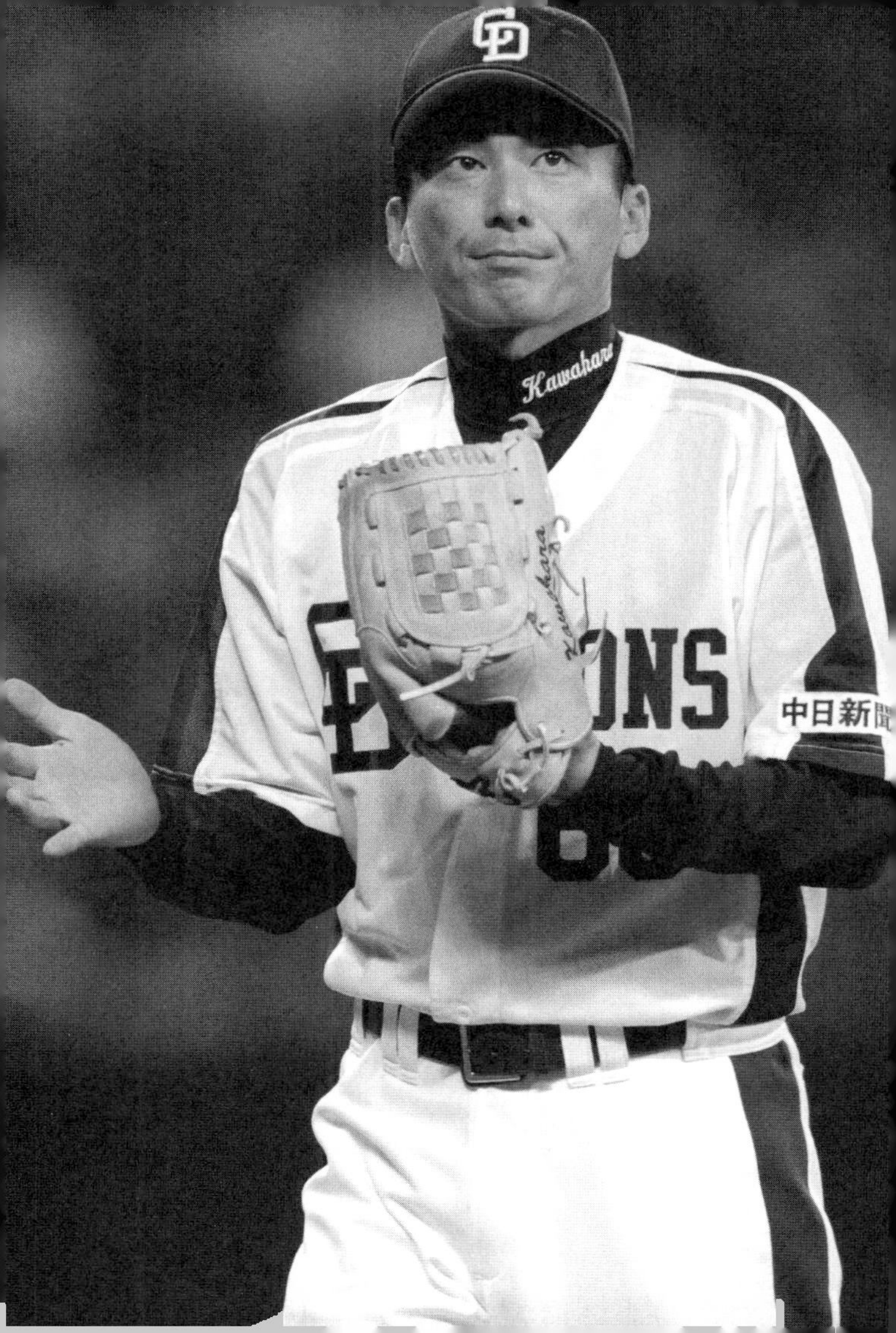

Kawahara
中日新聞

河原が読売巨人軍に入団した1995年は、落合が巨人に移籍して2年目。「落合さんと話した記憶がほとんどない」と振り返る。

「すごい選手ばかりでしたから。斎藤雅樹さん、槙原寛己さん（ともに現・野球解説者）、桑田真澄さん（現・巨人2軍監督）の3本柱がいて、野手もすごい方ばかり。落合さんが一塁を守っていて、マウンドでピンチのときに、よく声をかけていただいたことは覚えています。僕を安心させてくれるような言葉だったり、『大丈夫、大丈夫』というような声だったと思う。ただ、それ以外はなかなか……。挨拶は当然しますが、当時はベテランの方たちと若手の選手が和気あいあいと話す時代ではなかった。自分のことで精いっぱいで正直、いろんな人を観察する余裕はなかったですね」

確かに、当時の巨人のメンバーは「オールスター級」だった。先発3本柱に加え、川口和久（現・野球指導者）、宮本和知（現・巨人女子チーム監督）、木田優夫（現・北海道日本ハムファイターズGM代行）、水野雄仁（現・巨人スカウト部長）、阿波野秀幸（現・野球解説者）と実績のある投手たちがズラリ。野手陣も落合、原辰徳（現・巨人オーナー付特別顧問）、広澤克実（現・野球指導者）、松井秀喜（現・ニューヨーク・ヤンキースGM付特別アドバイザー）、川相昌弘（現・巨人1軍内野守備コーチ）、マック、ハウエル、吉村禎章（現・巨人球団編成本部長）、村田真一（現・野球解説者）らそうそうたる顔ぶれだった。投手と野手は練習メニューが異なるため接点も少ない。新人の河原と球界のレジェンドだった落合の交流が皆無に近かったのは当然かもしれない。

河原はプロ1年目の1995年に阪神戦で3完封を含む6勝を挙げるなど、シーズン8勝をマーク。「将来のエース」としてさらなる飛躍が期待され、2年目も開幕ローテーションに入った。しかし、右肘の状態が悪く5月に戦線離脱。7月に手術に踏み切った。その後も故障との戦いが続いた。驚きの事実を明かす。

「僕はプロで肩、肘がいい状態で試合に投げた期間が一度もないんです」

開幕直前にゴジラ斬りもシート打撃で腱板断裂

入団時から右肘に痛みを抱えていた。だが、痛みは大なり小なりほかの投手も抱えていると思っていた。忘れられない記憶がある。3年目のオフ。手術した右肘はリハビリを終え、ハワイのウインターリーグでは痛みなく投げられた。

「痛みがなかったのが初めての感覚なので、本当にうれしくて。バンバン投げていました」

1998年はオープン戦でも好投を続け、開幕4戦目の先発が決まっていた。開幕前のシート打撃では、そのシーズン終了後に本塁打王を獲得することになる〝ゴジラ〟松井からど真ん中の直球で2球連続空振りを奪った。ケージ裏の首脳陣から「速え」

とどよめきが上がった。直後に悲劇が起こる。

「そのシート打撃でカーブを投げたら肩が飛んじゃいました。次の日、朝起きたら腕が上がらない。病院に行ったら右肩の腱板が半分切れていて。もう元に戻ることはなかったですね。保存療法でこれ以上ひどくならないように負担のかからない投げ方を模索していました。その後は毎日投げ始めるたびに激痛が走りました。中日ドラゴンズ時代もキャッチボールのときは痛かったですよ。ブルペンでの投げ始めも痛い。脂汗をかきながらやっていました。見ている人たちは何ともないと思っていただろうけれど、歯がゆかったですよ。自分の力はこんなもんじゃないって。30代後半だったら諦めがつきますが、右肩を痛めたのがまだ26歳だったので……。一回肩を休ませると、球速が落ちてしまう。初回に三者凡退に抑えてもベンチに戻ると、次のイニングで2キロ落ちる。完封勝利を収めたときもありましたが、肩が万全でないのでいい状態が続かない。精神的にもつらかったですね」

先発では限界を迎えていた。だが、河原はここで終わらなかった。2002年に就任した原監督から守護神に抜擢《ばってき》されると、5勝3敗28セーブをマーク。リーグ優勝、日本一に大きく貢献する。1イニング限定なら肩を休めないで済む。コンディションが整えば、その実力はずばぬけていた。快速球は140キロ台前半と決して速くはないがスピンが利いているため、打者は球速以上の速さを感じる。ホップするような軌道で空振り、凡打の山を築いた。

だが、その輝きは持続しなかった。2003年以降は救援失敗が目立つようになる。空振り、ファウルになっていた自慢の快速球がはじき返された。2005年の開幕前に後藤光貴（現・埼玉西武ライオンズスカウト）との交換トレードで西武へ移籍。再起を誓ったが、移籍1年目にスパイクが人工芝に刺さって右膝の前十字靱帯が切れたことが大きな誤算だった。

2年目はリハビリに費やし、3年目の2007年は3試合の登板で0勝2敗、防御率12・19。軸足となる右足の力が戻らず、下半身の力が球に伝わらず打ち込まれた。〝ドラ1〟右腕は同年オフに戦力外通告を受けた。

たび重なる故障も影響して思うようにいかない。だが、河原は「右膝が元通りに戻れば、まだやれる」と希望を捨てなかった。

2008年の1年間、「浪人」することを決断する。母校・駒澤大学の理解を得て、野球部の施設で練習する日々。部の練習時間とはずらし、独りでひたすら走った。当時36歳。このまま現役引退になっても不思議ではないが、孤独に強い人間は道を拓《ひら》く力がある。

「巨人にドラフト1位で指名されるっていうのは」

救いの手を差し伸べたのが、落合が監督を務める中日だった。

「その年の秋頃ですね。各球団の入団テストを探そうと思っていた時期に、中日から入団テストの話をいただいて。最初から入団が決まっていたわけではないです。秋季キャンプのブルペンで投げることになり、落合さんと駒澤大の先輩でもある投手コーチの森繁和（現・野球解説者）さんに立ち会っていただきました。30球ぐらい投げましたね。緊張とかはなかったです。森さんには『球速は年齢もあるから落ちるのは仕方ないけれど、フォークがしっかり落ちるのかを見ていた』と言われました」

テストで合格を伝えられ、ナゴヤ球場で行われていた秋季キャンプに合流。2週間の参加期間は中日の選手寮に宿泊していた。そのときに落合監督からかけられた言葉が忘れられないという。

「巨人にドラフト1位で指名されるっていうのは、それだけの評価をされたということだから」

つぶやいた言葉には重みがあった。巨人で新人の頃に出会ってから14年の月日が流れていた。

「落合さんがどういう気持ちでおっしゃられたのかわからないですが、僕としてはすごくうれしかったです。ドラフト1位が偉いとかという意味ではなく、巨人のドラフト1位で指名されたことの意味を考えなさいと受け取りました」

河原は浪人の1年間で自身の「野球観」が変化していた。たび重なる故障もあり、全盛期の直球はもう投げられない。ならば、どうやってチームに貢献するか。孤独なトレーニングを経てたどりついた境地が、「私利私欲」を捨てることだった。

「若いときは『打てるものなら打ってみろ』でストライクゾーンに真っ向勝負で投げていた。それで実際に打たれなかった。でも、年を重ねると打たれちゃうんですよ。だから、そこを変えていかないといけない。中日に入団したときから、自分の手柄を追い求めなくなりました。そこを追い求めると投球が窮屈になる」

精神的なゆとりが生まれたことで、攻め方も変わった。

「たとえば巨人戦。当時のラミレス（現・野球解説者）にストライクゾーンの9分割のゾーンへ投げれば絶対に打たれる。だから、もう1枠ストライクゾーンを全体的に大きくするんです。もちろん、そのコースはボールゾーンです。でも、腕を振って投げたら手を出してくる。最悪、四球でもいいんです。2死走者なしでラミレスを迎えて本塁打、二塁打は避けなければいけない。四球だったら大ケガしない。交代した小林正人（現・中日球団職員）が阿部に連打でつながれても、一、三塁で下位打線に回りますから。実践するのが一番難しいのですが、常に考えていました。落合さんはべンチで喜怒哀楽を出さないけれど、何を考えているのかなと。ベンチが何を求めているのか理解して表現しようと。圧倒的に力でねじ伏せる投球ができれば、そんな楽しいことはないですけどね。でも、スピードが出なくなっても体力が落ちても、抑える技術がある。そのコツを覚えてやりがいを感じたのが中日での3年間でした」

言葉ではなく起用法がメッセージだった

中日移籍初年度の2009年に44試合登板で3勝0敗15ホールド、防御率1・85と抜群の安定感を見せると、2010年はレギュラーシーズンの登板は故障の影響で4試合にとどまるが、日本シリーズは5試合に救援登板したことが首脳陣の信頼の厚さを物語っている。

「落合さんは球場ですれ違った際などに声をかけていただいた記憶があります。遠征先の食事会場で会話したこともありますね。僕だけでなく、ほかの選手と円卓で食べていたときに来られて、昔の話をいろいろしていただきました。野球に対する考え方を聞けて楽しかったですよ。中日はすごく練習するじゃないですか。春季キャンプも6勤1休で他球団より休みがなかった。『練習しなきゃダメだ』というのはよくお話しされていましたね。現役でロッテ時代の自分が若いときにどれだけ練習をしていたとか、守備が大事だということも強調されていました」

改まって語り合った記憶はない。ただ、起用法には強烈なメッセージが込められていた。移籍初登板は2009年5月24日の日本ハム戦（ナゴヤドーム、現・バンテリンドーム）。1－0とリードした8回だった。河原の名前がコールされると、球場からどよめきが上がった。試合終盤の大事な場面で、2年近くマウンドから遠ざかっている投手を登板させたのだから無理もない。

だが、一塁ベンチに座る落合監督は表情を変えない。河原は1番から始まる上位打線の田中賢介（現・野球解説者）、森本稀哲《ひちょり》（現・日本ハム1軍外野守備走塁コーチ）を外野フライに仕留めると、稲葉篤紀（現・日本ハム2軍監督）には左翼線二塁打を浴びたが、続く4番の小谷野栄一（現・オリックス・バファローズ野手総合兼打撃コーチ）からはフォークボールで空振り三振を奪い、無失点で切り抜ける。632日ぶりの1軍マウンドでプロ入り初のホールドを挙げた。

落合監督は獲得した以上、「即戦力」とみなしてシビアな戦況で迷わず投入する。結果を出せば起用するし、失敗すれば使わない。

古巣・巨人戦の登板も多かった。対戦するのは坂本勇人、長野久義（現・巨人）、小笠原道大（前・巨人3軍打撃コーチ）、ラミレスと強打者ばかり。全盛期のスピードはないが、抜群の制球力は健在だった。そして、「自分の手柄は求めていない」という精神状態も投球を大胆にした。

「中日で過ごした3年間は、僕のなかで変な力みがなかった。年を取って体力が落ちて、球のスピードも落ちたけれど、そのなかでどうやって抑えるか。力任せにいけないときにどうすればいいかというのがわかっていた時期だったと思います。年齢も36になって、ケガをしてきて1年浪人して野球のことを見つめ直して、いろいろなことが試せた。それがズバリうまくいった感じでしたね。入団当時から中日で投げていたときのような考え方、野球の見方が備わっていたら、もっといい選手になっただろうなと思います。でも、若いときは勢いでいくから仕方ないんですけどね」

落合さんの考え方を聞いて少しだけ自信が持てた

２０１１年9月22日、球団から落合監督の退任が発表された。その後チームは10月6日に首位に浮上し、１４２試合目で球団史上初のリーグ連覇を達成した。東京ヤクルトスワローズとの最大10ゲーム差をひっくり返しての優勝だった。河原はこのシーズン30試合に登板。１勝４敗10ホールド、防御率２・66と救援として十分な成績を残し、リーグ優勝に貢献した。しかし、10月中旬に球団からは戦力外の通告を受けた。河原はこの現実を冷静に受け止めていた。

「落合さんが辞めるとなれば、森さんも辞めることが考えられたし、獲得していただいた二人が辞めれば僕もどうかなというのは、何となく想像できた。契約を延長しないことを伝えられたときも、特別な感情は湧いてきませんでした。まだ戦いは残っていたし、やることをやるだけでした」

戦力外通告を受けたが、同年限りで退任が決まった落合監督にとって、河原は必要な戦力だった。クライマックスシリーズ、日本シリーズで計3試合に救援で登板した。

中日退団後は独立リーグ・四国アイランドリーグplusの愛媛マンダリンパイレーツへ移り、2015年に引退してからは2021年まで5年間監督を務めた。2022年から球団内の「球団事業推進部」に所属。スカウト業務、野球教室などの普及活動など多忙な日々を送る。

中日での3年間は、自身の野球人生の大きなターニングポイントになったという。

「落合さんの考え方を聞いて少しだけ自信が持てたんです。おこがましいのですが、守り勝つ野球もそうだし、自分が培った考え方が似ていると感じて。野球人生で大きな財産になっています」

交わした言葉は多くないかもしれない。だが、落合と巡り合ったことが、河原の眠っていた能力を引き出す大きなきっかけになった。かつての巨人の「ドラ1」はたくましく、地に足の着いた人生をこれからも歩み続ける。


（取材・文／平尾 類）

特別寄稿

三冠王が名古屋にやって来た——報道記者が体感した落合博満の「人間力」

CBC(中部日本放送)の元番記者が明かす取材秘話

北辻利寿(CBCテレビ論説室・特別解説委員)

1987年、CBC(中部日本放送)で中日に移籍した落合担当となった北辻利寿記者(当時)。初対面で先制パンチを浴びながらも、バットの詳細取材をきっかけに落合家と35年以上にわたって親交を結ぶ。人間・落合博満の素顔とは——。

きたつじ・としなが●1959年、愛知県出身。愛知県立大外国語学部卒業後、82年CBC(中部日本放送)入社。JNNウィーン特派員、報道部長、報道局長などを経て現在、CBCテレビの論説室・特別解説委員。中日ドラゴンズ検定1〜3級合格認定者。著書に『愛しのドラゴンズ!―ファンとして歩んだ半世紀』(ゆいぽおと)など。

1986年12月、入団発表で星野仙一監督（左）と握手を交わす落合。
2年連続で史上初3度目の三冠王に輝いた落合は、ロッテから1対4の大型トレードで中日に

目の前には三冠王が座っていた。

そして、初対面の私への第一声が投げかけられた。

「勉強してこいよ。くだらねえ質問したら、その場でカメラのスイッチを叩き切るからな」

勉強してこい？　カメラのスイッチを叩き切る？　このとき私は27歳、入社5年目の報道記者だった。声の主は落合博満。当時33歳。ロッテ・オリオンズ（現・千葉ロッテマリーンズ）から中日ドラゴンズに移籍したばかりのプロ野球選手だ。

しかし、ただの選手ではない。日本人選手としては前人未到、3度の三冠王を獲得している球界を代表するスラッガーである。

それは１９８７年1月末のことだった。その時点で落合は2年連続の三冠王を継続中、落合1人対4人の選手という驚きの大型トレードによってドラゴンズに移籍し、日本人初の1億円プレーヤーとして契約を結んでいた。

私が報道部長から〝落合番記者〟を命じられたのは、１９８７年の年明け早々だった。「三冠男・落合選手が地元のドラゴンズにやって来ることは、もはやスポーツ分野だけのテーマではない。これは社会現象である」

会社（ＣＢＣ）にはスポーツ部があったが、社会・政治・経済などニュース全般を取材する報道部の私が、スポーツ担当とは別に〝落合番〟に指名されたのは、そんな理由からだった。

もう一つ大きな背景がある。私は中日球場（現・ナゴヤ球場）近くに生まれ育った、根っからのドラゴンズファン。「自分にはドラゴンズブルーの血が流れている」と豪語する熱狂的な〝竜党〟だった。取材のベースはできていた。

このオフ、〝燃える男〟星野仙一が新監督に就任し、名古屋の街は大いに盛り上がっていた。そんなわが「愛しのドラゴンズ」に三冠男がやって来る。喜び勇んで出かけた初対面の場だったのだが……。自己紹介した直後だった。

「おめえがオレにインタビューするのか？」

「はい、折々いろんな場面でお話を聞ければと思っています」

その後に、冒頭で紹介した一言が飛び出したのだった。

「勉強してこいよ。くだらねえ質問したら、その場でカメラのスイッチを叩き切るからな」

ドラゴンズファンとして夢を抱いていた自分は〝瞬殺〟され、その強烈な先制パンチとともにプロ野球史上最多、3度の三冠王・落合博満選手との日々はプレーボールとなった。

本人から話が聞けないならばバットに聞け

春季キャンプから落合への密着取材が始まった。1次キャンプは沖縄県石川市（現・うるま市）、そして2次キャンプは宮崎県串間市と、三冠男を追いかけた。星野新監督を迎えただけではなく、2年連続三冠王の大スター・落合選手も加わって、ドラゴンズのキャンプ地には大勢の報道陣とファンが詰めかけていた。そんななかでの密着取材、こちらが狙う独占取材などなかなかできるものではなかった。

カメラのスイッチを叩き切られるような「くだらない質問」をする機会もほとんどないまま、背番号6のユニホームを見つめ続けた。しかし「ストレートがダメなら変化球」というわけではないが、〝本丸〟に近寄ることができなかったら周りから攻めるしかない。

落合番になる直前まで、私は愛知県警本部の取材担当で4年間にわたって数々の事件取材を経験していた。現場取材の基本、周辺の聞き込みから始めよう――。そんななかで、私は一本のバットと出合った。

それは、落合のバットを作っていた岐阜県の美津濃スポーツ（現・ミズノ株式会社）養老工場にあった。工場にはのちに、イチロー（現・シアトル・マリナーズ会長付特別補佐兼インストラクター）や松井秀喜（現・ニューヨーク・ヤンキースGM特別アドバイザー）のバット作りも手がけたバット名人・久保田五十一《いそかず》さんがいた。

落合の打撃の道具であるバット。本人から話が聞けないならば、代わりにバットに聞くことはできないか。久保田さんを訪れたときに、工場には前年のオリオンズ時代に三冠王を取ったときのバットが、次のバット作りのモデルとして戻ってきていた。

久保田さんがバットの表面をなでてみて、驚くべきことがわかったという。

「落合さんがボールを捉えた跡が一点に絞られている。その場所は木が最も堅く、最もボールが飛ぶスウィートスポット（打芯）。落合さんはそのポイントを知っていて、すべての球をそこで打っている」

久保田さんによると、ボールの跡は幅にして3～4センチ。同じく前年までセ・リーグでは阪神タイガースのランディ・バースが2年連続三冠王を獲っていて、このバースのバットも久保田さんの手によるものだった。

バースのバットがボールを捉えた跡は9センチほど、それでもほかの打者に比べればすごいとのこと。落合の技は一体どれほど高いレベルなのかが想像できる。もっとも、素人の私がバットをなでても、その跡はまったくわからないのだから、名選手と名人が織りなすプロの世界は「さすが」としか言いようがない。

しかし、この話に感動しているだけではダメだ。私はテレビ報道の記者である。新聞や雑誌ならば、文字で紹介すればいいのだが、テレビは映像で見せなければいけない。バット名人がなでて感じる、その打球跡をどう表現したらいいのだろうか？

三冠王の技術を初めて科学的に解明

最初にバットを持ち込んだのは、名古屋市熱田区にある名古屋工業研究所だった。バットの表面を精密機械でなぞる実験によって、凹凸が浮き彫りにならないか。結果は1週間後に出たが、機械に比べてバット自体が大きすぎたため、試みは失敗だった。

しかし、そこで担当者から紹介されたのが「表面をなぞる」のではなく「光線を当てる」方法だった。その実験を試してくれるという「富士写真光機」（現・富士フイルム株式会社）がある埼玉県大宮市（現・さいたま市）を訪れた。前年の三冠王を獲った使用済みバットと久保田さんが新たに作った未使用の落合モデルバット、このバット2本を大切に抱えながら。

実験は「モアレ・トポグラフィー（等高線写真）」という手法で行われた。さまざまな方向から複数の光線を当てることによって、表面に陰影を浮かび上がらせようというものだ。早速、機械に2本のバットをセットする。部屋の電灯が消されて、光線を当てる機械が動きだす。真っ暗な部屋で光の当たった2本のバット。何とも神秘的な風景だ。テレビ報道を生業《なりわい》とする記者にとって興奮の一瞬だった。そして……。

2本のバットの表面に、木目とは異なった縞模様が浮かび上がった。これが等高線である。未使用のバットの等高線の幅は均等、しかし、使用したバットはスウィートスポット周辺の等高線が「く」の字に曲がっていた。

ボールを捉えた跡が浮かび上がった。その幅は、久保田さんが手でなでて口にした「3～4センチ」よりも狭い「2～3センチ」だった。三冠王の〝技〟がテレビ映像で初めて科学的に解明された瞬間だった。落合はバットのボールが最も飛ぶポイントを知っていて、その一点のみですべての球を打っていた。

この実験映像がテレビで放送された後、落合から一言だけ感想があった。

「よくやったな」

体中に喜びが走った瞬間だった。心からうれしかった。語らない落合の代わりにバットに語ってもらったのだが、バットが語ることによって、今度は当の落合自身が語り始めてくれるようになった。

「久保田さん、太いよ」0・1ミリの誤差に気づく

日々球場に通って取材するスポーツ記者ではない自分に、一体どんな取材ができるのか？　とにかく、落合がすべてを懸けて向き合うその野球をしっかり見つめようと思った。全打席、全球、見逃すことなく。そして、見つけたことがあった。落合は打席に入るときに、手袋をせずに素手でバットを持っている。

名人と呼ばれ、名選手のバットを手掛けた久保田五十一

ほとんどの選手が手袋をして打つなかで、これはとても珍しいことだった。まるで、バットを体の一部として〝一体化〟しているかのようだった。落合はドラゴンズの後に読売巨人軍、

そして日本ハムファイターズ（現・北海道日本ハムファイターズ）と生涯4球団に所属したが、20年間の現役生活を〝素手バット〟で通した。

落合のバットを手がけるバット名人・久保田五十一さんが納品したときに、削りたてのバットを一瞬握った落合はこう言ったそうだ。

「久保田さん、太いよ」

バットは0・05ミリまで計測できる「ノギス」で計りながら削っている。そんなはずはないと計り直したら、微妙にノギスがズレており、わずか0・1ミリほど太かったのだ。ノギスで計るバットの0・1ミリを素手で握った瞬間に見抜いたのだった。

落合は語った。

「バットはオレの商売道具。素手で持たなければ一体にはなれない」

「オレに風邪をひかせたくなかったら、早く帰れ！」

その頃、私は〝落合家庭番〟でもあった。「野球人」としてだけではなく、「家庭人」としての姿を知らなければ、スポーツ担当とは違うニュース報道記者の私が取材する意味がない。

移籍後、名古屋での家探しにも同行取材した。引っ越しの日も新居にいた。自分に対して、なかなか言葉を発してくれなかった三冠男とは違い、信子夫人はいつも明るくにこやかに迎えてくれて、実にいろいろな話を聞かせてくれた。好きな食べ物、好きなお酒、家庭でくつろぐ姿――。なかでも、一つの行動を起こすたびに信子さんへ電話連絡を欠かさないという落合の話が印象に残っている。携帯電話がなかった時代だけに、常にたくさんの10円玉をズボンのポケットに入れているという秘話は、落合夫妻の微笑《ほほ》ましい姿を表すエピソードだった。

球場のロッカーがどの選手よりもきれいに整理整頓されていることや、旅のスーツケースに服や携帯品などの中身を詰めさせたら「右に出る者はいない」など、几帳面《きちょうめん》な性格にも驚かされた。

忘れられない思い出がある。取材で自宅を訪れて帰るときは、必ず夫婦揃《そろ》って門の外まで見送りに出てきてくれた。それが落合家の流儀だと聞かされた。

「早く帰れ！　オレに風邪をひかせたくなかったら、早く帰れ！」

こう言いながらも、車が角を曲がるまで見送ってくれた冬の夜の落合夫婦の姿は、今も鮮明に覚えている。

落合博満に対する人物評は実にさまざまである。褒め言葉もあれば、逆に厳しい意見もある。私はそれを〝地層〟なのだと思う。幾重にも重なる落合博満という名の地層。どの深さの、どんな土に触れるかによって感じ方は違う。でも、地層自体はまったく揺るぎない。そして、落合博満の生きざまにブレはない。昔も今も、そしておそらくこれからも。

こんなことがあった。会社組織では当然のことながら人事異動があり、仕事の担当が替わる。報道記者だった私だが、内部監査を担当した時期があった。そんな頃、スポーツ番組のインタビュー取材のために会社を訪れた落合と再会した。

このとき、落合はドラゴンズの監督だった。少し眠そうな目で、でも人懐っこい微《ほ》笑《ほ》みで声をかけられた。

「元気か？」

「はい。今は内部監査の仕事です」

「知ってるよ。社員がちゃんと仕事しているか、チェックしてるんだろう？」

初めて出会ってから、しばらく会えないときでも年賀状のやりとりは続いていて、近況の報告はしていた。でも、担当の仕事をちゃんと覚えていてくれるとは。

「でも、大変な仕事だよな」

真顔でこう言われた言葉は心底うれしかった。この人はちゃんと〝見て〟いてくれる。

球審の体調不良も察知……人を視る「観察眼」

落合の観察眼に心から感心したことがある。それは球場のグラウンド上だったが、選手やゲームに対してではなかった。

ドラゴンズ監督当時のナゴヤドーム（現・バンテリンドーム）でのことだ。プレーボールからしばらくあと、一塁ベンチから落合監督がホームプレートに歩み寄る。何が起きた？　球審に対して「体調が悪いなら無理をしないで休んだほうがいい」と審判交代を進言したのだった。

実際、その指摘どおり、その球審は不調を我慢してグラウンドに立っていた。その言葉を受けて球審は交代したのだが、これこそが落合の観察眼だった。「見る」というよりも、私は「視《み》る」だと思っている。この人ほど、自分の周囲の人間のことを〝視ている〟人を私は知らない。

「勉強してこいよ」

この言葉から始まった落合博満、そして落合家との厚誼《こうぎ》は35年たった今も続く。記者という人種は、取材担当を交替するときなど前任者との社内引き継ぎを十分にしない場合がある。それはもちろん、日々の取材活動が忙しいという事情もあったが、同時に「その場に行けば何とかなる」という、ある種の開き直りなのか、甘えなのか、そんな風潮によるものだった。だから、新たに担当する取材相手に一から話を聞くこともあった。相手も報道側に対して配慮してくれて、丁寧に説明してくれる場合がほとんどだった。

時間とともに、その言葉の真意にたどり着いた。33歳の落合選手はこう言いたかったのだろう。

「それは違うだろう。なぜ同じ社内で引き継ぎをしてこない？　なぜオレが教えてやらなくちゃいけない？　オレは野球のプロ、お前たちも取材のプロなら、すでに先輩たちが質問したこととか、答えたこととかは頭に入れてから取材に臨んでこい。それが礼儀。それまでに出なかった質問になら、ちゃんと答えてやる。そうでなければ答える気はない」

この打者の得意な球はストレートよりも変化球、それを流し打つこと。この投手の決め球はベースをかすって落ちるカットボール、それは見送れ――。すでに流布されている情報や知識はちゃんと頭に入れてこい。そのうえで新しいことを問いかけてくるならば何でも答えよう。記者の「予習不足」を落合選手は「くだらねえ質問」と一刀両断にし、「カメラのスイッチを叩き切る」と戒めたのだった。

落合から「勉強」した予習の大切さは今でも

27歳のときに投げかけられたこの言葉は、その後の私の記者としての歩み、もっと言えば人生に大きな影響を与えた。取材に臨む前には先入観を持たないレベルで可能な限りの事前勉強をするようになった。記者としての取材だけではない、誰かと会うときの礼儀として、「人に対する予習」をするようになった。そんな大切なことを落合

選手から教えられた、すなわち「勉強」した初対面だったのだ。
取材記者として振り返る落合博満は、目の前に立ちはだかった大きな山のような存在だった。そしてその山に一生懸命登ろうとするうちに、いろいろなことを教えられ、学び、そして成長できたと思う。20代で出会った落合博満という野球人は、わが人生にとって間違いなく〝恩人〟であり、〝師匠〟でもある。自分が還暦を過ぎた今でも、時折その声が耳に聞こえるときがある。
「勉強してこいよ。くだらねえ質問したら、その場でカメラのスイッチを叩き切るからな」

（本文中敬称略）

証言⑩

セットアッパーとして4年間フル回転

岡本真也

（元・中日ドラゴンズ投手）

おかもと・しんや●1974年10月21日、京都府出身。峰山高。社会人野球を経て2000年ドラフト4位で中日ドラゴンズに入団。日韓4球団を経験して11年引退。通算357試合登板、32勝19敗2セーブ、92ホールド、防御率3.21。右投げ右打ち。

二つの顔

就任1年目、落合博満監督は投手陣を見極めていた。
先発か、中継ぎか。そのなかで抜きんでたのが岡本真也だった。
能弁な素顔、そして勝利に徹する能面のような指揮官。
4年連続50試合以上登板の右腕が知る「二つの顔」。

指揮官である落合博満から明け方まで長時間講義を受けたことがある。2004年10月7日。岡本真也は遠征先の宿舎で監督の部屋へ向かっていた。同1日に中日ドラゴンズは5年ぶりのリーグ優勝。社会人を経て26歳で入団した岡本は、プロ4年目で初めての美酒に酔った。

しかし、気まずいお願いをしなくてはならない。この日の広島東洋カープ戦（広島市民球場）で1回3安打2失点。もう1試合予定される調整登板を飛ばしてほしいと、監督に申し出るつもりだった。

「祝勝会のビールかけではしゃぎすぎて、この日の登板後に両腕が筋肉痛になったんです。日本シリーズへの調整として投げたのに全然抑えられなくて、『ちょっと休ませてください』と言おうと思ったんです。監督の部屋へ行ったとき、『それはいいんだ、いいんだ』と言われて、それから4～5時間ですかね、野球について明け方まで話をされました。『打つにしても、投げるにしても、簡単なんだよ。考え方一つによっては、すごく簡単なんだよ』と」

2004年日本シリーズでの「温情」続投が分岐点

そして迎えた日本シリーズ。10月16日、西武ライオンズ（現・埼玉西武ライオンズ）との第1戦（ナゴヤドーム）から登板した。第2戦まで2試合登板で2回無失点。チームは1勝1敗で敵地に乗り込んだ。

第3戦は西武ドーム（現・ベルーナドーム）。0－4で迎えた6回に打線が一挙5点で逆転に成功。7回にさらに1点を加えて6－4とリード。その裏、岡本は2イニング目となる7回のマウンドに立った。先頭は二ゴロに抑えたが、中島裕之（現・宏之、中日）に左翼線二塁打を浴びた。ここで西武は右打者の野田浩輔（現・西武1軍バッテリーコーチ）に代え、左の代打・石井義人を送った。

中日ベンチからは落合監督が出てきた。岡本は交代を覚悟した。

「（当時投手コーチの）森さん（繁和、現・野球解説者）イコール交代ではなかったですが、落合さんが来ると、イコール交代だった。『代わるぞ』と言われたときに、立浪さん（和義、現・中日監督）、谷繁さん（元信、現・野球解説者）が『岡本でいきましょう』と言ってくれた。それで落合さんから『どうだ』と聞かれて。ブルペンから（左腕の）髙橋聡文が出てきていたので、僕は『どっちなの』という気持ちのなかで『いけます』と言ったんです。もう一回スイッチを入れ直したんですけど、結果的に入りきらなかったですね」

石井には四球、次打者にも死球で1死満塁となり、佐藤友亮《ともあき》（現・北海道日本ハムファイターズ2軍打撃コーチ）の右翼線二塁打で2者生還を許して同点に追いつかれた。その後2死までこぎつけたが、四球で再び満塁のピンチ。4番・カブレラには痛恨の満塁弾を浴びた。岡本はここでマウンドを降り、乱打戦となった試合は8－10で敗れた。

チームは第4戦から連勝し、王手をかけてナゴヤドーム（現・バンテリンドーム）に戻ったが、ホームで連敗。日本一をあと一歩のところで逃した。岡本続投から打たれた第3戦が分岐点だったのかもしれない。

「（監督からは）とくになかったですね。打たれたことに対しても、その後投げたことについても、何かを言われるわけでもなく。谷繁さんは『やり返したんだからいいやろ』みたいに言ってくれましたが。基本的に交代とかは森さんが決めていましたが、どうしてもというときは落合さんが（マウンドに）来ました。落合さんのなかで、あの試合でスパッと吹っ切れたのではないでしょうか。情とか情け、甘えがあったら獲れるものも獲れないことが身にしみたんじゃないか。僕が言うのも失礼ですけど、そう思います」

オールスター出場とタイトル獲得

2003年秋、落合監督の就任が決まった。そのシーズン、先発、中継ぎの両方をこなして当時自己最多の40試合に登板した右腕は困惑していた。

「秋季キャンプのときに『全員同じ横一線のラインでスタートするからわかっといて

くれ、よろしくな』と。だから、春季キャンプではセットアッパーと決めた感じで入っていたわけではなく、そもそも誰が先発するのか、誰が中継ぎするのかわからない状態。キャンプ中の投げ込みもあるなかで、先発なのか中継ぎなのか『自分の立ち位置ってどこなんだろう』というのはありました。現にオープン戦では先発して5イニングも投げましたし。（前任の）山田（久志、現・野球解説者）さんのときも、ピッチャーは走らせろ、走らせろでしたが、落合さんのときも相当走った。山本昌さんが『地球2～3周分は走った』と言うぐらいでした」

シーズンに入ると、セットアッパーの位置を任されるようになった。シーズンが終わってみれば自己最多63試合登板。落合監督就任前、3年間合計の登板数50試合を上回った。9勝4敗、防御率は2・03。オールスター出場にリーグ優勝、そして最優秀中継ぎ投手賞のタイトルも獲得した。

「勝っていても負けていても投げるところはあったんですけれど、途中からは勝っている場面、逆転しそうなとき、同点のところでも使ってもらえました。それがなかったらタイトルやオールスターにつながらなかったと思っています。一番使っていただいた監督です」

契約更改では2500万円から180％アップの年俸7000万円で更改（金額はいずれも推定）。これには〝監督査定〟500万円の上積みがあったといわれる。抑えの岩瀬仁紀（現・野球解説者）につなぐ重要な役割を果たした右腕に、落合監督は金額で報いた。

「最多勝、獲らせてやろうか」

リーグ優勝後、両腕が筋肉痛になったから受けることができた〝オレ流〟長時間講義。2005年、岡本は実践することにした。「打つにしても、投げるにしても、簡単なんだよ。考え方一つによっては、すごく簡単なんだよ」という言葉を反芻《はんすう》した。
「自分にとっては空振りを3つ取ったら三振だったんです。でも、『ファウル、ファウル、空振り』『ファウル、ファウル、見逃し』でも三振は三振。困ったらファウルを打たせる。難しく考えたらフォアボールになってしまうので。自分の場合は、真ん中高めにピッと真っすぐを投げたらファウルを取れるんだから、こんな楽なことはない、というところにたどり着きました。『三振を取るには』を『ストライクを取るには』に置き換えたり、難しく考えないようにはなりました」

このシーズン、岡本は快進撃を続け、8月4日のヤクルトスワローズ（現・東京ヤクルトスワローズ）戦（浜松）でシーズン10勝目に到達した。近代野球の中継ぎではめったに到達できない数字で、一時は川上憲伸（当時・中日、現・野球解説者）、黒田博樹（当時・広島、現・広島球団アドバイザー）ら先発と並び、期せずして最多勝争いに加わった。

そんな時期に、地方球場に遠征したときのことだ。ロッカー室で落合監督から話があった。

「『最多勝、獲らせてやろうか』と。『僕は中継ぎなので最多勝を目指していませんから、別に結構です』って普通に返しました」

中継ぎ投手で最多勝、はどこまで本気だったのか、何かのリトマス試験紙だったのか。いずれにしても、落合監督は現役時代に「数字を残す」ことに執念を燃やし、監督となってからは「選手に数字を残させる」「選手にタイトルを獲らせる」ことに気を配った。

僅差の試合をものにしていく落合野球であれば、試合途中に自軍の打順を見ながら白星がつく可能性が高い場面で、積極的に岡本を起用することもできただろう。「最多勝、獲らせてやろうか」は、フル回転する右腕に対する指揮官なりの配慮だったのかもしれない。そして、職務をまっとうしようとする岡本は固辞した。

猛練習は期待の裏返し 恒例の〝虫けらノック〟

〝オレ流マネジメント〟には特徴があった。鍛えればものになると見た選手には猛練習を課す。2005年11月、秋季キャンプ（沖縄・北谷《ちゃたん》）で岡本は指揮官直々のノックを受けていた。岡本はシーズンでは57試合登板10勝3敗、防御率3・14。上々の成績だが、「最多勝……」の後に背筋痛を発症し、チームは2位に終わった。

「通称『虫けらノック』。サブグラウンドで1時間以上にわたってノックを受けました。『だから1年間もたないんだよ。俺がしっかりノック打ってやるから』と」

落合監督は自らノックバットを握るとき、選手が足を動かさなければ捕れない位置へ絶妙の打球を放つ。時には打球に回転をかけて、選手を前へと走らせる。

「あとから知ったことですけど、バッテリー会とか野手会とか、いろんなところで焼き肉を食べに行ったりしましたが、だいたい監督がお金を出してくれていたみたいです。(声かけは)少ないわけじゃなかったですよ。僕の調子がよければ、ずっといい感じで話してくれました。調子が悪ければ、声をかけてもらえませんでしたね。ちょっと無視に近い感じで。自分がしっかり投げればいいんだ、と捉えていました」

ブルペンで鳴った電話を全員が無言で見つめた

岡本が、「落合監督がスパッと吹っ切れたんじゃないか」とみた2004年の日本シリーズ第3戦。2007年に「あのときの後悔が、この決断になった」と感じた場面が訪れた。

シーズンは2位に終わったが、同年から導入されたクライマックスシリーズ(CS)

を勝ち上がり、北海道日本ハムファイターズと日本シリーズで激突した。敵地・札幌ドーム（当時）では1勝1敗とし、ナゴヤドームに戻って第4戦までに3勝1敗。プレーオフが導入されたからこそ実現する、リーグ2位からの日本一に王手をかけた。

勝負の第5戦、前代未聞の事態が起こった。中日の先発・山井大介（現・中日1軍投手コーチ）が、8回まで1人も走者を出さないパーフェクトピッチング。岡本はブルペンで試合を見守っていた。

「6回から一喜一憂というか、アウト1つ取るたびに、みんな『オーッ』という感じで。それが7回、8回と続いていくじゃないですか。『オーイ、オイ、オイ……』と言っていたら、ブルペンの電話が鳴りました」

山井が8回を抑えて完全試合を目前にしたとき。突然鳴り響いた電話に、その場にいた全員が受話器の方向を振り返ったという。

「みんな手が汗でびちょびちょです。（山井の右手中指のマメが）割れているのは知っていました。でも、みんな何も言わないで『えっ、マジで』『嘘《うそ》でしょ』という顔をしていました。ここで代えるか、っていう気持ちはあったと思います」

勝利の方程式である守護神・岩瀬（仁紀、現・野球解説者）がマウンドに立ち、山井による日本シリーズ史上初の完全試合達成はなくなった。岩瀬はきっちり3人で抑え、山井、岩瀬の完全試合継投リレーで1954年以来、球団として53年ぶり2度目の日本一を地元で成し遂げた。

「1年間戦った結果として、日本一を目指してやっていることなので、うれしいことには違いないですけれど……。（投手であれば）あそこまで投げたなら（最後まで）いきたい。山井は以前、10点とか取られても続投していたときがあったので、そういうときもあったんだから、ここは投げさせても……という思いは強かったです」

2004年の日本シリーズではピンチで岡本を続投させて後悔を残した。この2007年は、山井が自ら降板を申し出たのだが、結果的に選手の記録より日本一が優先された。

FAの人的補償で西武に移籍し日本一に

岡本は落合監督政権下で2007年までに4年連続で50試合以上登板。2007年シーズンはチーム最多の62試合を投げ、セットアッパーの座を揺るぎないものにしていた。しかしこのオフ、西武からフリーエージェント（FA）で獲得した和田一浩（現・中日1軍打撃コーチ）の人的補償による移籍が突然決まった。

「（静岡・伊豆での）自主トレ最終日で、メニューが終わってから最後にゴルフをしていたんですよ。そのときに連絡があって。次の日に帰って、そのまた次の日に沖縄への船便を出さなきゃいけない、という段階でした」

両球団からの発表は2008年1月19日。キャンプインを目の前にして、切り替える時間も、監督との会話もなかったという。

「日にちがなかったので話をする間もなく。電話もないし、会ってもいません。移籍してからは、会ったときに『どうだ？』と聞かれたことはありました」

西武に移籍して1年目、2008年は47試合登板で18ホールド。リーグ優勝、日本一に貢献した。チームを替えての2年連続日本一。両リーグで頂点を経験した。

「(西武移籍後) かわいそうだなとか、いろいろな人に言われたこともありました。でも、必要としてくれていたから西武に行った。まあ、あそこで行かなかったらどうなっていたのかなと考えたこともありましたけど、人生、なるようにしかならないので」

西武には2009年まで在籍し、2010年には韓国のLGツインズでプレー。2011年に東北楽天ゴールデンイーグルスで日本球界に復帰したが1軍登板はなく、同年限りでユニホームを脱いだ。現在は、プロ生活のラストシーズンを過ごした仙台で「うどん・もつ鍋也 真《しん》」を経営している。

「選手としても成績を残して、監督でも結果を残せた偉大な人。私には絶対にまねできない、素晴らしい人だと思います。ただ、ある意味、人に厳しい人でした」


(取材・文／岡田 剛)

証言⑪

元祖「神主打法」とオールドルーキーの邂逅

土肥健二

（元・ロッテ・オリオンズ捕手）

どい・けんじ●1950年5月17日、富山県出身。高岡商業高。高3となる68年に春夏甲子園出場。68年ドラフト4位でロッテオリオンズ（現・千葉ロッテマリーンズ）に入団。74年の日本シリーズでは中日ドラゴンズと対戦した。83年引退。通算897試合、打率2割6分8厘、44本塁打、199打点。右投げ右打ち。

青春漂流

落合博満は1982年、28歳でパ・リーグ三冠王に輝いた。
とんでもない飛距離を生み出す、ゆったりとした構えは「神主打法」と呼ばれた。
その元祖は、ロッテの先輩捕手・土肥健二なのだという。
若き日の落合は「見て学ぶ」ことで貪欲に高みを目指していた。

43

ずっと不思議に思っていた。かつての後輩だった落合博満は、なぜ自分の名前を出したのか。ロッテ・オリオンズ（現・千葉ロッテマリーンズ）で1969～1983年に強打の捕手としてプレーしていた土肥健二は、落合がテレビ番組に出演している姿を見るとうれしくもあり、首をかしげてもいた。

「あれね、私が引退（1983年）してすぐぐらいだったんですよ。彼が2度目の三冠王を獲ったときかな。彼の性格からすると、そうそう人を持ち上げたりしないじゃないですか。私は大した成績も挙げていないのに、何で名前を出すんだろうって思っていました」

1985年、NHKのスポーツニュース番組『サンデースポーツスペシャル』に落合がゲスト出演した。司会は星野仙一が務めていた。1987年、この二人が中日で監督と選手として邂逅《かいこう》することになると思えば、また別の味わいがある。

番組は2度目の三冠王に輝いたときのもので、落合と土肥の打撃フォームを映像で比較していた。構える位置はやや違うが、ボールに向かって扇を開いていくかのように滑らかにバットを出す無駄のないスイングの軌道が似ている。

土肥は引退後、故郷の富山県にUターン就職していた。ゴルフ場に勤務しているときに、この番組で事前にインタビューもされたが、いざ放送された番組を見ても「何でだろう」の答えは出なかった。

打撃練習の時間がだいたい一緒だった

土肥は1968年のドラフトで4位指名された。同年に高岡商業（富山）で甲子園春夏出場を果たし、夏は1回戦の津久見高校（大分）戦の第1打席で本塁打をマーク。打線の中軸を担う強打が注目された。球団名はドラフトの年は「東京オリオンズ」であり、プロ1年目には「ロッテ・オリオンズ」に変更。当時のロッテは球団のオーナー、そして本拠地が目まぐるしく変わる過渡期にあった。

2年目でプロ初出場を果たし、4年目の1972年には前年までの一桁台から一気に44試合に出場した。ロッテが日本一となった1974年の日本シリーズでもマスクをかぶった。選手としては中堅の時期に差しかかっていたプロ11年目の1979年、3歳下のオールドルーキー・落合が入ってきた。土肥は当時28歳。25歳の落合は東芝府中で主軸を打ち、前年のドラフトで3位指名を受けていた。

「騒がれて入ってきたというイメージではないんですよね。初めて会ったのは、春季キャンプ前の自主トレでグラウンドへ集合していた時期だと思うんです。確か1軍からではなくて2軍からのスタートだったと思うんですよね。成績を残して、1軍に上がってきた。徐々に試合で結果を出すようになってくると、世間話もしながら野球談議もして、〝勝った、負けた、打った、打たなかった〟という話を徐々にしていったように記憶しています」

落合は野球エリートではない。秋田県南秋田郡潟西村（現・男鹿市）出身で、国として当時一大事業の干拓工事をしていた八郎潟の近くで育った。少年時代から打撃の飛距離は抜群で、秋田県立秋田工業高校で野球部に入った。しかし、先輩のしごきに耐えかねて退部。試合には呼ばれたが、退部は合計8回を数えたという。東洋大学野球部も半年で退部し、秋田へ帰郷。理不尽と暴力を嫌った。アルバイトをするなかで、ボウリングのプロテストを受けようとしたこともあった。

地元の朝野球チームに参加して野球への情熱が高まり、社会人野球の東芝府中入り。その打撃力を買われて中軸を任された。プロ入り後は1年目の1979年に36試合、2年目は57試合に出場。すでに20代後半に差しかかっていた。

当時の報道では入団2年目で伸び悩んでいた落合が土肥の手の使い方に着目した、とされている。バットは柔らかく握り、インパクト時に力を入れて振り切る。落合入団2年目にあたる1980年、土肥は89試合に出場して3割1分1厘の打率を残していた。

「ちょうど落合が入った頃、私はプロ野球に入って10年くらいたって、ようやく『野球とはこういうふうなものかな』っちゅうものを理解できるようになっていた。キャンプとかで、打撃練習の時間帯がだいたい一緒だったかな。いろんな人の打撃も見ながら、いいところを自分でも実践するなかで何か感じるところがあった、ということじゃないでしょうか」

もともとアウトコースを捉えるのはうまかった

土肥にはまるで心当たりはないが、落合はテレビ番組で「僕の先生と言ったら、土肥さんでしょうね」と答えている。技術を身につけるには当時、現在のように一から十まで教えるコーチングではなく、選手自身が自力で「見て盗む」、つまり自分で考えてものにしていくことが当たり前だった。

「私の体が一番元気で、野球に対する考え方が整理できていたときのバッティングフォームが、彼の印象に残ったのかもしれません。自然体で打つために、力みなく、リストを使ってボールを捉える、というところなのかなあ。私が高校で甲子園に出たときはクリーンヒッター、引っ張るバッティングだったのですが、小柄でしたからプロ野球に入ると外野手の頭を越えない。そこで、アウトコースをライトに打つような技術を研究していった。それがバットをスムーズに出す形につながったんだろうと思います。ただ、誰かのフォームを見て参考にするなら、自分で整理して、自分で摸索するしかないんです。その過程で、落合には我々とちょっと違った判断があったんじゃないですかね」

落合は2年目の後半から1軍に定着し、指導陣から手を加えられようとしていた打撃フォームも独自路線を貫くことに成功。3年目は打率3割2分6厘で首位打者を獲得した。

打席でゆったりと構える姿が笏《しゃく》を持つ神主のようだとして、「神主打法」と呼ばれた。打ちにいく予備動作には手首を上下に動かす「ヒッチ」、手首に角度をつける「コック」を取り入れている。ヒッチは禁忌とされた時期もあるというが、落合はのちにその必要性を説いている。また、よく言われる「腰で回す」意識よりも、「手を先に使え」は落合に教えを請うた選手たちが総じて言われることだった。

「打撃理論としては、落合とは違うと思うんですよ。一番大事なのはタイミング。タイミングの取り方は人それぞれだけど、ちょっとしたズレがバッティングのポイントをくるわせる。彼は何ミリのくるいもなく、バットでボールを捉えるという技術が、ほかの人よりすごく長《た》けていたのだと思います。落合はもともとアウトコースを捉えるのがすごくうまい。それは持って生まれたものですよ」

落合の打撃理論では「ボールの下を叩く」ことがポイントだといわれる。そうすることによってボールに強烈なバックスピンがかかり、飛距離が伸びる。MLBに選手の動きをデータ化するシステム「スタットキャスト」が2015年から導入されたことで、一定の角度でバットとボールが接すると飛距離が飛躍的に上がることが科学的に証明され、それは「フライボール革命」と呼ばれた。2021年に大谷翔平（ロサンゼルス・ドジャース）がMLBで本塁打王争いを繰り広げたことで、その角度の範囲を指す「バレルゾーン」という言葉が注目されるようになった。それは「ボールの下を叩く」ことと符合する。落合が時代を先取りしていたことにほかならない。

キャンプでは落合の打撃投手もした

無我夢中だった若き日々。土肥は落合と過ごした時期を懐かしく思う。

「みんなでいつもグラウンドにいて、練習して、野球のことばっかり話していました。落合とは3歳違いで年代も近く、お互い一生懸命練習したような気がするんですよ。練習して宿舎へ帰って、キャンプで話して、お風呂で一緒になって話したり。あの頃は練習の設営もみんな選手たちで全部やって、同じ時間を過ごしながら必死にやっていました」

土肥の入団当時、ロッテは現在の荒川区南千住にあった東京スタジアムに本拠地を置いていた。煙突や工場、住宅街の中に建設された球場は照明が美しく、通称「光の球場」と呼ばれた。

「きれいな球場でねえ。（1972年閉場で）なくなってしまって、それからは仙台の県営宮城球場（1973年準本拠地、1974〜1977年本拠地）、川崎球場（19

78〜1991年）を本拠地にしてね。川崎球場なんて隣に競輪場があるからすごいんですよ。ワーッと競輪場が湧いていても、球場なんか閑古鳥でしたもん」

伝説の川崎球場。観客の少なさがネタにされ、スタンドではお客さんが流しそうめんまで行ったことで知られる。素朴なプロ野球の原風景。土肥はイースタン・リーグに出場するときは、落合と電車で出かけたこともあったという。またロッテのキャンプは当時、鹿児島開催。街を挙げて大歓迎してくれたことも覚えている。

「当時は合宿所が高円寺にあったから、試合に行くときは電車に1時間くらい乗っていきました。帰りに渋谷で降りてご飯を食べたりして楽しかった。キャンプは最初は指宿《いぶすき》でね。風が強いんですよ。練習をしていると砂ぼこりがブワーッと。その後は鴨池。桜島をバックにしてバッティングをするんだ。気持ちよかったよ。キャンプの特打では、落合にもバッティングピッチャーを何回もしたよ」

土肥は70歳になるまで仕事を続けたのち、悠々自適の生活に入った。最近はロッテOBの八木沢壮六が理事長を務めるプロ野球OB会で、富山県を〝担当〟している。

「年に1回、ロッテのOB会があるんですよ。当時の先輩後輩。今になってもつながっているんですよ。落合も来りゃいいのに、来ないんですよ。そういうところは出てこないんですねえ」

なぜ、落合は自分の打撃を参考にしたのか。その答えは、ともに青春時代を過ごした落合からのメッセージだと受け取っている。
「落合からすれば、『土肥さんの姿を見て参考にしたよ。でも、オレだったらもうちょっとこうするよ。そうしたら土肥さんも、もうちょっと打てたんじゃねえかな』ということかもしれないね。あの頃、1軍で活躍してスポットライトを浴びるために、みんな必死に泥んこになってやっていた。私の名前を出してくれたのは変な言い方ですけれど、『土肥さんとも一緒にやっていたね、オレたち必死に頑張っていたよね』という意味だったんじゃないかなと思っています」

（取材・文／丸井乙生）

証言⑫

落合政権の後半期を支えた「精密機械」

吉見一起

（元・中日ドラゴンズ投手）

よしみ・かずき●1984年9月19日、京都府出身。金光大阪高・トヨタ自動車。2005年大学生・社会人ドラフト希望枠で中日ドラゴンズ入団。09年最多勝、11年最多勝、最高勝率、最優秀防御率。通算223試合登板、90勝56敗、防御率2.94。右投げ右打ち。

考える野球

落合監督の言葉には意味がある。

「なぜ1位で獲ったか、わかっているか？」「2年だけの活躍ではエースと呼べない」。

当時エース候補だった吉見一起に投げかけた言葉は「考えること」を求めていた。

指揮官の素顔に触れた右腕は最後の最後に、ようやく褒め言葉をもらった。

DRAGONS
19

2度の最多勝を獲得するなど中日ドラゴンズのエースとして活躍した吉見一起。2020年限りで現役を引退した。

「引退を決断して最初に電話したのが落合さんでした。でも、電話に出られなくて。その後に森繁和さん（現・野球解説者）などお世話になった方々に電話していったのですが、落合さんからコールバックがない。デニー友利（現・読売巨人軍国際部スカウト担当）さんに連絡したら、『落合さんは出ないよ。2、3回電話したらかけ直してくると思うよ』と言われて。何度か電話したら、落合さんが電話に出てくださいました。『引退することになりました』と言ったら、『早いよ』と」

吉見はケガをしている状態でプロに入っていろいろな経験をさせてもらい、またケガをして野球で飯を食っていく自信がなくなったことを伝えたという。「自分で決めたなら納得できるな。お疲れさん」と落合は言った。

「僕が入団したときの監督が落合さん。6年間しか一緒にプレーしていないのですが、野球の奥深さを教えてもらった。落合さんじゃなかったらドラフトで獲ってもらえなかったかもしれない。僕は『出会いが運命を決める』と思っています。プロ野球人生が長いのか短いのかわかりませんが、15年間やれたのは落合さんのおかげです。自分の野球の基盤になっていますし、自分は『落合信者』だと思います」

「何でドラフト1位で獲ったか、わかっているか」

吉見が中日に希望枠で入団したのは2005年ドラフト。当時はドラフト指名候補選手を「高校生選択会議」と「大学生・社会人ほか選択会議」の2部に分けていた。トヨタ自動車の主戦として活躍した吉見は「社会人ナンバーワン右腕」と評されたが、右肘の手術を受けてリハビリ生活を送っていた。各球団の評価が分かれたが、中日は希望枠で吉見の獲得を決断する。強く希望したのは落合監督だった。

吉見はプロ3年目の2008年にこの事実を知らされる。

「交流戦で埼玉西武ライオンズ戦のときでした。僕はそれまで落合監督と話した記憶がほとんどない。1、2年目はほとんどファームにいましたし……。もちろん挨拶はしますが、恐れ多くて目を見て話せなかった。独特のオーラがありますし、話をしているだけで無駄に緊張しすぎてしまう。話したあとも『何を話したっけ……』と覚えていないぐらい。投手は森さんと話す機会が多いので、落合さんとあまり接点がなかったのもあると思います」

トレーナー室にいたときだった。落合監督に呼ばれて姿勢を正すと、聞かれた。

「何で、お前をドラフト1位で獲ったか、わかっているか？」

当時ほとんど会話したことがない指揮官から突然質問されて驚いた。頭が真っ白になり「わかりません」と答えると、落合監督は獲得の舞台裏を話してくれた。

中日のスカウトから「吉見を1位でいきましょう」と声が上がったが、故障していたため獲得に慎重な見方もあり、指名を見送るかという話にも。そこで落合監督が「万全になれば来年どうなんだ?」と確認したところ、スカウトが「争奪戦になります」と発言。「だったら今のうちに獲っとけ」と獲得にゴーサインを出したという。

「プロとアマチュアは知識の量が違う。同じリハビリでも環境が違うだろ。ドラゴンズは即戦力を獲りにいっているわけではない。将来性を考えて指名したんだ」

落合の言葉を吉見は直立不動のまま聞き入った。心の内でモヤモヤしていた部分が晴れたという。

金光大阪高(大阪)で3年春にセンバツ出場。1回戦で森岡良介(現・東京ヤクルトスワローズ1軍内野守備走塁コーチ)を擁する明徳義塾(高知)に敗れたが、本格派右腕としてスカウトの評価は高かった。愛知県の社会人野球・トヨタ自動車から中日に希望枠で入団。「相思相愛」に見られるが、京都市で生まれ、高校まで大阪で過ごした吉見にとって中日は身近なチームではなかった。

「当時は正直、ドラゴンズに関してはあまりわからなかった。ただ、トヨタに入社してからはテレビをつければドラゴンズ戦、新聞を見ればドラゴンズの情報が載っていたので、落合さんが監督に就任されてからは投手力のレベルが高いという印象がありました」

ドラゴンズは落合監督1年目の2004年にリーグ優勝を飾り、2005年は2位に。エース・川上憲伸（現・野球解説者）を筆頭に、投手陣には球に力がある投手がズラリ。NPB歴代最多の通算407セーブをマークした岩瀬仁紀（現・野球解説者）が不動の守護神だった。

「150キロを超える先発、中継ぎがたくさんいて、少し前の福岡ソフトバンクホークスみたいな陣容でしたね。2軍で埋もれている投手も1軍の先発ローテーションに入れる力を持っている。僕はドラフトの1年前にケガをして手術をして。ドラフト1位でプロに行くという目標でトヨタに入りましたが、中日の投手陣の方たちと自分を天秤《てんびん》にかけると、ちょっときついかなと。ケガをしていたのもあって、正直自信はありませんでした。希望枠はありがたかったですし、中日に行きたい気持ちはありましたが、自分でいいのかなと……。不安のほうが大きかったですね」

落合監督は吉見を将来のエースとしてじっくり育てる方針だったため、無理をさせなかった。リハビリを経て1年目の2006年9月18日の横浜ベイスターズ（現・横浜DeNAベイスターズ）戦（横浜）で白星を飾り、日本シリーズにも登板する。

ファームで実戦経験を積み、2008年はオープン戦で3試合15イニングを無失点に抑え、初の開幕1軍入り。4月6日の東京ヤクルトスワローズ戦（ナゴヤドーム、現・バンテリンドーム）でプロ初完投・初完封勝利を飾ると、4月13日の広島東洋カープ戦（広島市民球場）で11安打を浴びたが、2試合連続完封を飾った。その後はチーム事情で救援に回り、右肩痛で戦線離脱した時期を除いてフル回転。自身初の二桁勝利をマークした。

監督と目が合って「5年な」

川上がMLBへ移籍した翌2009年にさらなる飛躍を遂げる。シーズン初先発となった4月4日の横浜戦（ナゴヤドーム）で95球完封勝利を飾るなど順調に白星を重ね、前半戦最後の登板となった7月18日の横浜戦（横浜）で4度目の完封勝利を飾り、二桁勝利に到達。最後まで先発ローテーションで稼働し、16勝7敗、防御率2・00で最多勝のタイトルを獲得する。防御率もリーグ2位、シーズン通算4完封は両リーグ最多タイで、無四球試合3試合は両リーグ通じて単独最多と安定感が際立った。

周囲の見方が変わった。2年連続二桁勝利をマークし、「中日のエース」と呼ばれる。内容も伴っているから当然かもしれない。だが、落合監督は違った。

「二桁勝利を挙げてエースと言われて、川上さんが抜けた後に『吉見が後釜』だとメディアで報じられて。でも、落合さんが『2年勝ったぐらいで、お前らはすぐにエースと言うな』とコメントをしていたのを新聞で見たんです。僕はそのとおりだなと。エースだと思っていなかったんです。決してすごい球があるわけではないし、必死でやっているだけ。1年間の成績で見れば勝ち星を積み重ねましたが、投げる球や投手としての総合力を見れば、中田賢一（現・ソフトバンク1軍投手コーチ）さんが圧倒的に素晴らしい投手。朝倉健太（現・中日編成担当）さんも追い越せていないないなと感じていました。だから、周りにエースと言われても何も思わなかったんです」

その直後だった。ナゴヤドームのサロンで落合監督と目が合うと、声をかけられた。

「5年な」

たった一言の短い言葉だったが、吉見はその意味をすぐに理解した。

「2年だけではエースと呼べない。5年続けることが大事だと。落合さんは選手をその気にさせるのが非常にうまいんです。闘争本能を持ち上げてくれて、やる気を起こさせてくれる。今振り返ったら、うまく操ってくれていたのかなと思います。5年連続二桁勝つように頑張ろうという明確な目標ができましたね」

吉見は有言実行で2008年から5年連続二桁勝利をマーク。落合監督は2011年限りで退任したが、吉見は翌2012年も13勝を挙げている。ただ、この当時は二桁勝利より「優勝したい」という思いのほうが強かったという。

「5年連続二桁勝利という目標も大事にしましたが、やっぱり一番上に来るべき目標は優勝です。個人の目標がそれより上にきて逆転すると、チームがバラバラになってしまう。なぜそう思えたかというと、2010、2011年と連覇して優勝の喜びを味わったからです。実際に経験することで『チームが勝つために野球をやっているんだ』と改めて感じた。ビールかけをすることで、自分だけでなく支えてくれた方々も喜んでくれる。努力が報われることを体験したことが大きかった。だから2012年も二桁勝利より3連覇したいなと。この年はケガで規定投球回数にいかず13勝はしましたが、優勝できなかったことが悔しかったですね」

落合監督からの指摘「不安そうな顔をする」

吉見が先発の中心として投げていた時期は、中日の黄金時代にピタリと重なる。2008年は3位、2009年は2位、2010、2011年はリーグ連覇……。落合監督はユニホームを着ると口が重かったが、遠征先の食事会場では野球について語る機会が多かったという。吉見は同じテーブルでその話を聞くのが楽しみだった。

「落合さんはマスコミの前では寡黙なイメージがありますが、話好きだと思いますよ。僕も皆さんが見えていないところで話をしてもらった選手の一人です。今の野球と昔の野球の違いとか、昔のように指導しても今の選手はわからないとか……。落合さんは天才なので、僕らには理解できないこともあったけれど、『時代に合わせた野球をしないといけない』という言葉は印象に残っています。『今のうちに走っとけよ』というのも口酸っぱく言われましたね。あと、落合さんは試合中にいつもベンチの同じ場所で試合を見ているじゃないですか。洞察力が深いので、指摘も鋭いんですよ。『お前は（マウンド上で）嫌なことがあると不安そうな顔をする』と言われたことがありました。1週間に1回登板する様子を見ていて、その違いがわかるんでしょう。僕は顔に出している意識がなかったのですが、落合さんは感性が鋭いから気づく。『顔に出すなよ』と言われてから意識するようになりました。あとは具体的に打者の抑え方だったり、配球だったり」

ミーティングのような緊張感はなく、雑談の延長だったが、落合監督の言葉には「野球がうまくなるヒント」が詰まっていた。

「落合さんは先読みが鋭いことは感じていました。僕も20代のときは理解力がなかったけれど、長い付き合いになっていくと、透視じゃないけれど見ているポイント、洞察力のすごさに気づかされました。まだ現役の選手もいるので具体的に名前は出せませんが、『この打者はこういう振り方をしていたら、ここが盲点になる』『この打者は流しているときは調子がいいけれど、引っ張っているときは悪いときだから、ここに投げれば大丈夫。打者の状態は自分で見極めろよ』とかボソボソと言うんです。『なあ、吉見』と言うときもあれば、独り言のように話すこともあって、耳を傾けていましたね。各球団の強打者への配球、打ち取り方を教わりました。もちろん、打者も年々変わっていくし、研究しないといけない。落合さんに求められるレベルで結果を出すなら、必然的に考えないとやっていけない野球になるんです」

「負けたら意味がない」

広いナゴヤドームを本拠地として戦っていることもあり、当時の中日はロースコアで「守り勝つ野球」が特徴だった。強力な投手陣に加え、野手も谷繁元信（現・野球解説者）、井端弘和（現・侍ジャパン監督）、和田一浩（現・中日１軍打撃コーチ）、荒木雅博（前・中日１軍内野守備走塁コーチ）、森野将彦（現・中日２軍打撃コーチ）と勝つための術《すべ》を知っている選手たちが揃《そろ》っていた。

リーグ連覇を飾った２０１１年が象徴的だった。チームの４１９得点、打率２割２分８厘はいずれもリーグワースト。一方で、チーム防御率２・46、４１０失点はリーグトップだった。得失点はわずか９点差という数字が、接戦に強い戦いぶりを物語っている。

「今の中日も打てないと言われるけれど、僕たちのときも言われていました。でも、顔ぶれを見ると、普通に強いなと思えるメンバーでした。１－０、２－１で勝つのがドラゴンズの野球です。好投したけれど打線の援護がなかったから負けた、では評価されない。９回１失点で負けるなら、９回５失点で勝ったほうが評価されるべきだと思います。落合さんには『負けたら意味がない』『お前らが1点も取られなかったら負けねえんだ』と何度も言われました。8回1失点で降板してチームが負けたときがあったんですが、そのときはほぼ完璧な投球をして、8回に同点アーチを打たれたんです。120球前後投げたうち、たった1球の失投。そのときも、落合さんは『負けたら意味がない』とコメントされたのを新聞で見ました。僕もそのとおりだと納得できました。世間一般で言えば好投かもしれませんが、絶対に本塁打を打たれてはいけない場面で失投した自分に責任がある。打線の援護はなかった試合で、いろいろな記者に『好投したのにね』と同情されましたけれど、僕はそう思わなかった。とにかく勝たなければいけない。それがいい方向に転がっていたと思います」

「1点やるのを嫌がった」図星の指摘でまた考えた

リーグ連覇を飾った2011年。吉見には、自身の野球人生の「分岐点になった」と振り返る試合がある。8月5日の横浜戦（ナゴヤドーム）。先発登板し、0－0の5回に3点を奪われる。1死一、三塁から8番の細山田武史（現・トヨタ自動車硬式野球部コーチ）に左前適時打を浴びると、その後も1番・下園辰哉（現・横浜2軍打撃コーチ）、2番・石川雄洋（現・野球解説者）に連打を許した。失点はこの5回のみで6回以降は踏ん張り、9回3失点に抑えたが、2－3で敗れた。

「あの試合後の当日か翌日か記憶がおぼろげなのですが、ナゴヤドームのベンチに上がっていく通路で落合監督に『お前、1点をやるのを嫌がったんだろう』『そういうことをすると大ケガするぞ』と言われて。完璧に抑えようと思うことは大事。投手って1点もやりたくないんですよ。たとえば、5－0でリードしている状況で無死、もしくは1死三塁だと、守備陣は1点許してもOKの守備になるけれど、投手は割り切れない。防御率も上がるし、点を取られたくないという意識が働く。でも、あの試合で落合さんに言われて、そのこだわりを消して割り切れるようになりました。投げる意味、勝つ投球の意味を考えさせられましたね」

この年は8月までチームの調子が上向かず5位に沈んでいたが、9月以降に26勝11敗5分と猛チャージをかけ、首位ヤクルトと最大10ゲーム差をひっくり返し、逆転でリーグ連覇を飾る。吉見は投手としての教訓を得た横浜戦の敗戦を糧に、次回登板の8月13日の横浜戦（平塚）から引き分けを1試合挟み、シーズン終了まで負けなしの9連勝。26試合に登板して18勝3敗、防御率1・65をマークした。

内海哲也（当時・巨人、現・同1軍投手コーチ）とともに自身2度目の最多勝、自身初のシーズン防御率1点台を記録し、初の最優秀防御率のタイトルも獲得した。女房役の谷繁とともに、自身初の最優秀バッテリー賞も受賞。最高勝率（8割5分7厘）、最多完封（3完封）、最多無四球試合（3試合）も達成した。

「9連勝したのはよかったですが、あの試合を経験したことですぐに結果が出たと言ったらそうではない。ただ、それまでも考えながら野球をしていましたが、空気を読むことをより感じなければいけないと思いましたね。その分岐点だった試合だったことは間違いない。僕は制球力がいいと言われますが、自分では決してそう思わない。驚くような速い球も変化球もないなかで自分の特徴を考えたときに、『試合を読む力』にはすごく長《た》けていたなと思います。落合さん、森さん、谷繁さんに口酸っぱく言われていましたから。試合には、ここで失点しなければ勝てるというポイントがある。そこでどういうパフォーマンスを見せられるか。たとえば、大谷翔平選手（ロサンゼルス・ドジャース）みたいに１６０キロを超える剛速球を投げられたら、こんなに考えないですよ。大谷投手が考えてないということではなく、自分があれだけの能力を持っていたら、ファウルで打たせて追い込んだら（フォークで）落とせばいいなと。ただ、僕の直球、変化球でその攻め方は通用しない。だから18・44メートル（投手板から本塁までのバッテリー間の距離）の空間を大事にしました。試合展開、雰囲気、打者は何を考えているか試合を読む訓練をすれば、いろいろなことが見えてくる。もちろん、表現するのが一番難しい。コンディション、技術も重要になってきます」

「落合さんを男にしたい」と最終年リーグVに貢献

速い球を投げ、空振りを取れる変化球が投げられれば勝てるほど野球は単純ではない。グラウンドコンディション、選手の状態、チーム状況など1試合として同じ時はない。まっさらなマウンドに立つ先発投手には試合の流れを読み、パフォーマンスを発揮する力が求められる。

2011年は集中力を保つことが難しい状況でもあった。9月22日に落合監督の監督退任が発表される。優勝争いの真っただ中で異例の退任劇だった。吉見は同日の先発投手だった。

「あの日は鮮明に覚えています。『落合さんが球場に来ていない』という噂が流れて。いろいろな情報が飛び交うなかで、練習中にナゴヤドームのバックスクリーンに『落合監督退任』というニュースが流れたんです。え？　どういうこと？　って。何も知らされてないから状況が把握できない。その後に『(事実上の)クビらしいよ』と聞かされて。最初に浮かんだ感情が『何でこの時期に出すの？』と。その日はモヤモヤした気持ちで投げていました」

落合監督は「誰かのために野球をやるな」とナインに散々言っていた。だが、吉見はその言葉に初めて背いた。「落合さんを男にしたい、花道を飾りたいという感情が芽生えた」のだという。

「9月は勝ち続けていたんですが、実は体力的にもバテていて調子が悪かったんです。結果的に勝っていたけれど、思い描いた投球ができない。もちろん、技術面でいろいろ修正するんですが、あまりにもイメージどおりにできなくてひどかった。でも、落合さんの退任が発表されて……もう調子が悪かったことを忘れていましたね」

投球には文字どおり、魂がこもっていた。調子の良し悪しではなく、勝つために右腕を振り続けた。リーグ優勝を飾り、2011年の日本シリーズは第2戦、第6戦に登板。粘り強い投球でチームに白星をもたらしたが、3勝4敗で敗れて日本一はかなわなかった。

そのオフの出来事だった。

家族で行きつけの飲食店に行ったところ、「2階に落合さんがいるよ」と伝えられた。挨拶に向かうと、番記者10人以上と「お疲れさま会」を開いていた。お酒も回ったのだろう。落合監督の表情は穏やかだった。その席で思いがけない一言を言われた。

「お前のせいで日本シリーズに負けた」

前述したように、吉見は先発登板した2試合でチームに白星をつけている。エースとして完璧な結果を出したが、落合監督の見方は違っていた。

「お前が1戦目で投げていたら、4戦目、7戦目と投げられて優勝していた」

吉見は同年のシーズンで自身最多の190回2／3を投げ、ヤクルトとのクライマックスシリーズ（CS）ファイナルステージでも、1戦目に先発して8回途中まで1失点、中3日で5戦目にも先発登板して8回まで無失点の好投で日本シリーズ進出に導いた。日本シリーズ初戦は6日後。さすがに第1戦の登板は体力的に厳しかった。

「落合さんもお酒を飲んでいたので冗談だと思いますよ。『いやいや、さすがに壊れますよ』と伝えたら笑っていましたが、褒め言葉だと受け取っています。うれしい気持ちしかなかったですね。選手を操る、乗せるのが上手なんですよ。その言葉が冗談かもしれないのですが、本気かな？　とも思ってしまう。面と向かって褒められたことはなかったですが、落合さんの言葉がエネルギーになっていました」

落合退任、立浪・谷繁引退……緩くなったチームに後悔

落合監督が退任して以降、中日は低迷期が続いている。2012年は2位だが、2013年以降の9年間でBクラスが8シーズン。優勝どころかCS進出もままならなくなった。

吉見もたび重なる故障に苦しみ、2013年以降は一度も二桁勝利を挙げられずに2020年限りで現役引退。2021年は野球解説者として中日を見続けた。なぜ、ここまで弱くなってしまったのだろうか。

厳しい表情になり、言葉を選びながら語った。

「僕も中にいたので無責任なことは言えませんが、チームが緩くなったように感じました。立浪和義（現・中日監督）さん、谷繁さんがいなくなってチームが一気に緩くなった。あのときは選手たちになれ合う雰囲気がなく、一匹狼の人たちが多かったですが、ユニホームを着ると力を合わせて勝利へ向かう執念がすごかった。その反動が来たのか、バーンとはじけたように感じましたね。『そういう時代だ』と言われればそれまでですが、コーチと選手がすごく仲良くなった。距離が近すぎるかなと感じたので、伝えればよかったと僕も後悔しています。中日でプレーしているときは緩いなとは感じていたけれど、その緩さの〝正体〟がわからなかったんです。外から1年見て、強いチームには監督、選手の中に引き締める存在がいることを感じました。チームの空気は非常に重要です。ヤクルトは楽しそうにしながら雰囲気は締まっている」

中日の低迷の原因として貧打がフォーカスされるが、前述したように落合監督のときも得点力が高かったわけではない。吉見にその質問をぶつけると、こう分析した。

「僕の中では、井端さんはすごく考えながら野球をやっていて、実際に今、仕事でお会いするときも野球を見る洞察力に勉強させられることが多い。井端さんだけでなく、当時は〝野球偏差値〟の高い選手がたくさんいた。勝つための状況判断を考えられる人がたくさんいることが強さの要因だと思います。ただ能力が高い低いではなく、少ない安打でも得点を取る術を知っている選手たちがいて、投手陣も安打を打たれても失点しない野球をしていた。ナゴヤドームが本拠地の中日に打ち勝つ野球は無理です。守り勝つ野球を整えないといけない。そのために考える能力は必要です。点が取れないなりの工夫が見られないと厳しい戦いになってしまう」

立浪監督は落合さんに似ている

そして、声のトーンが上がった。

「今の立浪監督にはすごく期待できると思います。あの人は存在感がすごかった。『ヘラヘラ笑いながらやっている選手は外すよ』『アップから隣の人としゃべらず、緊張感を持ってやってくれ』と選手にゲキを飛ばしていることがメディアで報じられましたが、落合さんに似ている。僕もそのとおりだと思います。立浪さんが監督になることでチームがガラッと変わる可能性は十分にあると思います」

15年間の現役生活で通算223試合に登板し、90勝56敗11ホールド、防御率2・94。現役時代の活躍を思えば通算100勝に届いていないことが意外だが、落合政権のエースとして活躍し続けた抜群の安定感は、中日という枠を超えて球界を代表する投手であることに異論はないだろう。

「僕は落合さんと出会えたから今がある。落合さんが中日の監督でなかったら、入団していたかどうかもわからないですから。褒められたことはなかったけれど、野球人として成長できたのは間違いなく落合さんのおかげ。感謝しています。野球界から離れていらっしゃるけれど、選手として、監督として圧倒的にずばぬけた経験をお持ちです。お会いして、また野球のお話をさせていただければありがたいです」

飲食店で、落合監督に「お前のせいで日本シリーズに負けた」と言われた話には続きがある。

「落合さんも監督を辞められた後で、お酒も入っていたので聞いてみたんですよ。18勝した年だったので、『落合さんが僕の給料を決められるとしたらどれぐらいですか？』って。『3倍もらえ』と言われました。もちろん、冗談ですけどね」

吉見の顔がうれしそうだった。

（取材・文／平尾 類）

年度	監督	順位	試合	勝利	敗北	引分	勝率	差
1978	中利夫	5	130	53	71	6	.427	20.0
1979	中利夫	3	130	59	57	14	.509	7.5
1980	中利夫	6	130	45	76	9	.372	30.0
1981	近藤貞雄	5	130	58	65	7	.472	16.0
1982	近藤貞雄	1	130	64	47	19	.577	――
1983	近藤貞雄	5	130	54	69	7	.439	18.5
1984	山内一弘	2	130	73	49	8	.598	3.0
1985	山内一弘	5	130	56	61	13	.479	15.0
1986	山内一弘	5	130	54	67	9	.446	20.0
1987	星野仙一	2	130	68	51	11	.571	8.0
1988	星野仙一	1	130	79	46	5	.632	――
1989	星野仙一	3	130	68	59	3	.535	15.5
1990	星野仙一	4	131	62	68	1	.477	26.0
1991	星野仙一	2	131	71	59	1	.546	3.0
1992	高木守道	6	130	60	70	0	.462	9.0
1993	高木守道	2	132	73	57	2	.562	7.0
1994	高木守道	2	130	69	61	0	.531	1.0
1995	高木守道	5	130	50	80	0	.385	32.0
1996	星野仙一	2	130	72	58	0	.554	5.0
1997	星野仙一	6	136	59	76	1	.437	24.0
1998	星野仙一	2	136	75	60	1	.556	4.0
1999	星野仙一	1	135	81	54	0	.600	――
2000	星野仙一	2	135	70	65	0	.519	8.0
2001	星野仙一	5	140	62	74	4	.456	.253
2002	山田久志	3	140	69	66	5	.511	15.5
2003	山田久志	2	140	73	66	1	.525	14.5
2004	落合博満	1	138	79	56	3	.585	――
2005	落合博満	2	146	79	66	1	.545	10.0
2006	落合博満	1	146	87	54	5	.617	――
2007	落合博満	2	144	78	64	2	.549	1.5 ★
2008	落合博満	3	144	71	68	5	.511	12.0
2009	落合博満	2	144	81	62	1	.566	12.0
2010	落合博満	1	144	79	62	3	.560	――
2011	落合博満	1	144	75	59	10	.560	――
2012	高木守道	2	144	75	53	16	.586	10.5
2013	高木守道	4	144	64	77	3	.454	22.0
2014	谷繁元信	4	144	67	73	4	.479	13.5
2015	谷繁元信	5	143	62	77	4	.446	13.0
2016	谷繁元信	6	143	58	82	3	.414	30.5
2017	森繁和	5	143	59	79	5	.428	28.5
2018	森繁和	5	143	63	78	2	.447	19.0
2019	与田剛	5	143	68	73	2	.482	9.0
2020	与田剛	3	120	60	55	5	.522	8.5
2021	与田剛	5	143	55	71	17	.437	18.5
2022	立浪和義	6	143	66	75	2	.468	15.0
2023	立浪和義	6	142	56	82	5	.406	29.0

中日ドラゴンズ 歴代監督とシーズン成績

通算成績 5519勝 5278敗 379分 .511　リーグ優勝9回、日本一2回（★印）

年度	監督	順位	試合	勝利	敗北	引分	勝率	差	
1936※	池田豊		16	7	9	0	.438		
1936秋	池田豊		26	12	14	0	.462		
1937春	桝嘉一	7	56	21	35	0	.375	21.0	
1937秋	桝嘉一	8	49	13	33	3	.283	25.0	
1938春	根本行都	7	35	11	24	0	.314	18.0	
1938秋	根本行都	4	40	19	18	3	.514	10.0	
1939	根本・小西	6	96	38	53	5	.418	27.5	
1940	小西得郎	5	104	58	41	5	.586	15.5	
1941	小西・本田	6	84	37	47	0	.440	25.0	
1942	本田親喜	7	105	39	60	6	.394	33.5	
1943	桝嘉一	2	84	48	29	7	.623	4.0	
1944	三宅大輔	4	35	13	21	1	.382	14.5	
1946	竹内・杉浦	7	105	42	60	3	.412	22.5	
1947	杉浦清	2	119	67	50	2	.573	12.5	
1948	杉浦清	8	140	52	83	5	.385	34.5	
1949	天知俊一	5	137	66	68	3	.493	19.5	
1950	天知俊一	2	137	89	44	4	.669	9.0	
1951	天知俊一	2	113	62	48	3	.564	18.0	
1952	坪内道典	3	120	75	43	2	.636	7.0	
1953	坪内道典	3	130	70	57	3	.551	18.5	
1954	天知俊一	1	130	86	40	4	.683	——	★
1955	野口明	2	130	77	52	1	.597	15.0	
1956	野口明	3	130	74	56	0	.569	10.0	
1957	天知俊一	3	130	70	57	3	.550	4.0	
1958	天知俊一	3	130	66	59	5	.527	9.0	
1959	杉下茂	2	130	64	61	5	.512	13.0	
1960	杉下茂	5	130	63	67	0	.485	9.0	
1961	濃人貴実	2	130	72	56	2	.562	1.0	
1962	濃人貴実	3	133	70	60	3	.538	5.0	
1963	杉浦清	2	140	80	57	3	.584	2.5	
1964	杉浦・西沢	6	140	57	83	0	.407	25.0	
1965	西沢道夫	2	140	77	59	4	.566	13.0	
1966	西沢道夫	2	132	76	54	2	.585	13.0	
1967	西沢道夫	2	134	72	58	4	.554	12.0	
1968	杉下茂	6	134	50	80	4	.385	27.0	
1969	水原茂	4	130	59	65	6	.476	14.0	
1970	水原茂	5	130	55	70	5	.440	23.5	
1971	水原茂	2	130	65	60	5	.520	6.5	
1972	与那嶺要	3	130	67	59	4	.532	7.0	
1973	与那嶺要	3	130	64	61	5	.512	1.5	
1974	与那嶺要	1	130	70	49	11	.588	——	
1975	与那嶺要	2	130	69	53	8	.566	4.5	
1976	与那嶺要	4	130	54	66	10	.450	21.5	
1977	与那嶺要	3	130	64	61	5	.512	15.5	

写真／共同通信イメージズ、日刊スポーツ新聞社、Basico-stock.adobe.com
参考資料／日刊スポーツ、スポーツ報知、NHK「サンデースポーツスペシャル」
※本書は2022年3月に小社より刊行した単行本『証言 落合博満 オレ流を貫いた「孤高の監督」の真実』を増補・改訂したものです。

宝島SUGOI文庫

証言 落合博満
オレ流を貫いた「孤高の監督」の真実
（しょうげん おちあいひろみつ　おれりゅうをつらぬいた「ここうのかんとく」のしんじつ）

2024年1月25日 第1刷発行

著　者　山本昌＋和田一浩＋岩瀬仁紀＋川上憲伸 ほか
発行人　蓮見清一
発行所　株式会社 宝島社
〒102-8388　東京都千代田区一番町25番地
電話：営業 03（3234）4621／編集 03（3239）0927
https://tkj.jp
印刷・製本　株式会社 広済堂ネクスト

First published 2022 by Takarajimasha, Inc.
ISBN978-4-299-05086-1